超越西潮：
胡適與中國傳統

周昌龍 著

臺灣 學生書局 印行

自 序

　　中國近代思想因爲打破了漢宋以來建立的獨尊儒學的正統，常易被定位爲「反儒」、「反孔」、「反傳統」，由此而出現所謂西化派與國粹派、激進與保守、現代與傳統等二元對立觀點，歸楊歸墨，學術視域無形中有所蔽隔，影響對全局的洞徹瞭解。

　　嚴復、康有爲、梁啓超、章太炎等近代最具影響力的思想家，其思想關懷固由西學與時代激成，要亦承襲豐厚之傳統資源，尤其明清以來傾向於重視情欲、個身、智識、經世等新命題而形成的近代傳統，更爲其最直接的思想淵源。浸淫於儒學、諸子學、佛學、西學此一新學術知識體系中，晚清對時代最具反應能力之知識分子，其思想特色，本在融會貫通，不拘新舊中西，一爐共冶，力圖形成一種打破傳統格局，卻不違離近代傳統走向的新典範。嚴復翻譯《天演論》之餘又評點《老》《莊》，康有爲著《孔子改制考》又注《中庸》、《孟子》，梁啓超論公德私德，章太炎幾度改作〈訂孔〉篇，譚嗣同作《仁學》等，都可視爲建構此一新典範的努力。在建構過程中，超越傳統之創新與回歸傳統之反省，乃隨時抑揚，不滯於一境。然其創新既非全然西化，反省亦不同於單純保守。其思想係貫通的、辯證的，而非二分的、逆轉的。

　　將嚴、康、章、梁諸氏簡單地一分爲二，謂前期激進，後期保守，或早年新銳，晚年落伍，甚至對享年僅得卅六歲的劉師培亦作

一例瓜分處理，不但會混淆史的真實，更會嚴重妨礙對思想家作深刻的、發展的、前後融會聯繫的理解。復因理解方法本身的簡單化，遂認定近代思想為簡單的、蒼白的、膚淺的，有人於是熱淚盈眶哀高丘之無女，有人則扼腕搏膺嗟豎子之成名。真不能不佩服王國維，他早早脫離了近代思想這個是非圈，在殷周古史中安身立命，留下〈紅樓夢評論〉等雙十年華的少女朱顏，引人遐想。

嚴復以西學、章太炎以諸子學衝破了儒學一尊的局面，康有為疑經，梁啓超倡新民說，動搖傳統價值理念，但諸家學說，都並不是要「反儒」或「反傳統」，只是本著平等精神，恢復先秦時代孔子亦為諸子之一的合理身份地位，打破學術壟斷，從而解放思想，擴大傳統的根基，將儒學放大為「中國學」。章太炎《檢論》〈通程篇〉說：「善作述者，其惟二程邪。言道之情，非鄒魯所能盡也。顧未能方物釋老耳。雖雜釋老何害？」認為程顥程頤對理的哲學闡釋超越了孔孟，但尚不及佛學與老莊的境界，又何以不可雜入釋老？推翻儒學一尊、孔孟一尊，提倡諸子平等，學術中國化的意味至為明顯。

胡適思想，與上述晚清各家思想一樣，分別觀之，固然皆有各個不同面貌，然就其整體精神而言，則不離「學術中國化」此一主要潮流。胡適曾自言：「我是一個不贊成儒教的人」，但不贊成的原因，並非反對儒學，而是「我們只認為儒教為一大宗，但不認他為唯一大宗。儒家固有真理，老莊墨翟也有真理」（《胡適的日記》民國10年7月9日）。此語為胡適1921年所載，正當其如火如荼鼓吹新文化運動之際，明言儒家「固有真理」，可知其在「打倒孔家店」的同時，並非全然抹煞儒學的真價值，只是不視其為唯一的價值，而視

其爲包括古傳統與近代傳統在內的整體中國傳統價值的一部分。胡適自己認爲，這樣「知性地」對待儒學，才是眞正地有益於儒學的。他在一篇題爲"Intellectual China in 1919"的英文文章中說：「我們發現，許多儒學教條受到嚴厲批評，但我們也發現，儒學從未像今天這樣受到知識性的研究（intelligently studied）」（見《胡適英文文存》，頁116）。這種對儒學的態度，與晚清嚴章康梁諸氏一脈相承，不宜簡單地認定爲「反儒」、「反傳統」。當然，胡適較晚清思想家更強調科學對建構中國近代傳統的重要性，也在科學的立場上對傳統中諸如玄學或輕視物質建設等部分加以更嚴厲甚至帶有偏激的批判，這些都形成了胡適個人的思想特色或局限，可以討論可以批評，唯不宜簡單化。

　　從中學二年級開始閱讀胡適大部頭的原著，不是從《胡適文存》，而是從《古史辨》所載胡適論文與通信入手，因此，所感興趣的不只是一個「啓蒙」的胡適，更是學術的胡適。在美國威斯康辛大學攻讀博士，業師中有顧頡剛的忘年交，與胡適學派淵源頗深的周策縱先生，也有殷海光的學生，對胡適深致不滿的林毓生先生，因爲這個緣故，當時不敢碰胡適的題目，但胡適現象的複雜性，卻對我產生更多吸引力。這幾年常有機會到中國大陸作學術交流，接觸較全面的資料，於是將多年來積累在心頭的一些問題整理出來，希望能得到學術界先進、同好的指正。自己覺得提出了一些新的觀點，好像也開拓了一些視域，但並無意「翻案」。

周昌龍　2001年2月於南港茗桔山莊

超越西潮：胡適與中國傳統

目　　錄

第一章　學術史上的胡適

第一節　啓蒙或文藝復興

　　在中國近代史上，胡適（1891-1962）最大的影響到底在那裏？余英時先生認爲胡適在中國思想界「渴望突破中體西用舊格局」的「關鍵性時刻」恰好起來塡補空白，從文學革命、整理國故、到中西文化討論，他都以「重新估定一切價值」此一中心理念，打開一個重大的思想缺口，形成當時所謂的新思潮。❶估定價值偏向於破壞方面，與此相對應的積極行動，則是一方面提倡科學方法，另一方面鼓吹民主自由，以實現中國的現代化。余先生論斷說，胡適在這兩方面所做的都是開風氣的工作，也就是「啓蒙」的工作。❷可以說，胡適的大貢獻，就在於啓蒙。

　　與余英時先生基本上肯定胡適建立思想學術新典範的態度不同，林毓生先生即使在最近的研究中已承認胡適是「持久不變的中

---

❶　余英時，《中國近代思想史上的胡適》第二節。此文原爲余先生爲胡頌平所編《胡適之先生年譜長編初稿》一書所作長序，後再出單行本，皆臺北聯經出版社出版。

❷　同上，第八節。

國自由主義代表人物」，❸他對胡適所闡釋的民主、科學、「全盤
西化」❹等理念，都一貫地認爲不夠深刻，甚至認爲充滿「尷尬與
混淆」。然而，林先生給予胡適的最終定位，也是把他當作一個「五
四啓蒙運動的思想家」，認爲這是胡適「一生自覺地、主動地、盡
量要做好的一個角色」，當然，林先生一再要指出的，都是「作爲
啓蒙運動思想家的胡適的不足之處。」❺

在當代新儒家的陣營中，劉述先先生是繼徐復觀先生之後公開
對胡適深致不滿的一位代表。劉先生也肯定胡適具有一些難得的見
解與品格，如主張健全的個人主義，主張點點滴滴地改革，文字淺
白，說理明晰，肯提拔人才，沒有背棄自己的小腳太太等，但他的
結論是說：胡適「名氣那麼大，究竟爲我們留下一些什麼呢？似乎
他終究不過是一位轉型期的啓蒙人物而已！並沒有留下什麼永恒的
建樹。」❻與林毓生先生評價不同的是，劉先生還肯定胡適作爲一
個啓蒙人物的功能，而且只肯定他的啓蒙功能，他說：

---

❸ 林毓生，〈平心靜氣論胡適〉，北京大學主辦「紀念五四運動八十周年國
　際學術研討會」論文。修改稿見歐陽哲生編，《解析胡適》（北京：社會
　科學文獻出版社，2000），上述引文見該書頁18。

❹ 林毓生先生在前揭文中堅持：胡適「肯定全盤西化的根本立場，並未改變，
　他繼續主張全盤西化或整體主義的西化。」見頁25。但周策縱先生則說：
　「我從來就不認爲胡適真正主張過全盤西化……至多只能說他在極短的時
　間裏說過這句話，不過他很快就改過了。」見周策縱，〈胡適對中國文化
　的批判與貢獻〉，收入周策縱等，《胡適與近代中國》（臺北：時報出版
　社，1991），頁325。

❺ 同註3，頁17、25。

❻ 劉述先，〈胡適的迴響〉，見氏著，《當代中國哲學論·人物篇》（新澤
　西：八方文化，1996），頁1。

正因爲我把胡先生當作中國知識分子的表率看待，所以才會有這麼多偏向負面的苛評罷！如果換一個角度把他當一個「但開風氣不爲師」的啓蒙人物看待，也許評價就會完全不同了！❼

　　胡適作爲新時代文化轉型的領導人，背負著整個關鍵時代文化交融創化的複雜性與難測性，牽涉到傳統與現代、國粹與西化、主智與唯理、儒教化與中國化等典範性的問題，故其身前身後評價之紛紜莫定、愛惡並集的情況，不但是正常的，而且可能還會再持續好幾十年。當前學界的多元觀點，正反映出問題的繁難程度，也是問題在深化過程中，必然要經過的一個階段。

　　近年來，與胡適全面學術思想有關的新史料得到專家用心編輯並予公開出版，爲深化研究提供了必要條件。其中最重要的有：大陸資深學者耿雲志教授編輯《胡適遺稿及秘藏書信》42冊（1994）、《胡適書信集》3冊（1997），留美學者周質平教授編輯《胡適英文文存》3冊（1995）、《胡適早年文存》（1995），大陸青壯學者歐陽哲生教授編輯目前最完整之《胡適文集》12集（1998）。此外，分別由臺北南港中央研究院胡適紀念館及北京中國社會科學院近史所蒐藏之胡適與韋蓮司女士（Miss Edith Clifford Williams 1885-1971）來往英文函件三百多件，業已由周質平教授作了艱辛繁難之辨識與整理工作，周教授用其中一部分材料寫成了一紙風行的傳記式作品《胡適與韋蓮司：深情五十年》，全部材料，則在北京編輯中。這當中更感人的是，大陸學者樓宇烈教授從1982年開始，即親自到北京大學圖書館搜集胡適藏書中的讀書題記、眉批、校語等墨

迹。由於北大圖書館所收胡適藏書均已按圖編類別分散上架，並未集中一室，致使此一工作進行時猶如大海撈針，顯係對人類毅力考驗之極限。無論如何，樓教授此一工作已取得初步成績，在耿雲志先生主編之《胡適研究叢刊》第一輯（1995）上發表〈胡適讀禪籍題記、眉批選〉，為最需要資料的胡適與佛學關係問題提供了珍貴論據，用字字珠璣似乎不大貼切，說粒粒辛苦，則恐怕是胡適本人都不會反對的用典了。

這批新材料的出版，應該可使胡適本人呈現出一種不同於已往的面貌。以英文材料為例，胡適英文著作有專著，亦有數量超過二百篇之論文及講稿等。當用英文寫作時，胡適會暫時撤除他對國粹主義復辟的戒懼心，也會暫時摘除「國人導師」的桂冠，❽結果是，在著作中往往能持平地表達自己對中國文化或傳統儒學的學術性立場，避免了他在用中文寫作通俗性文稿時存心教化國人的「啟蒙性」，這種情形，在1930年代以後的作品中表現得尤其明顯。

同樣地，胡適在嚴肅的學術著作中也會呈現出一種更具深度和周延性的思想，不像收在《胡適文存》中多數「啟蒙」小文那樣具有偏頗的破壞力和批判性。而且，不像王國維、陳寅恪等專門學者用純粹學術語言討論純粹學術問題，胡適的學術著作往往是以述為作，即企圖通過對研究對象的詮釋來建立本身的思想體系。他所選擇的研究對象，從王充、郭象、李覯、朱熹、費密、顏元到程廷祚、

---

❽　胡適早在留學時期，就立意要「為他日為國人導師之預備」，見胡適，《胡適留學日記》三，《胡適作品集》36（臺北：遠流出版公司，1988第三版，以下簡稱《作品集》），1915年5月28日，頁78。

戴震，都和他本身的思想傾向有關。王充、郭象代表了漢魏時期自然主義的成熟，❾與胡適一向主張的老莊都只是自然主義，❿以及自然主義是中國自由傳統的重要基礎⓫等觀念正好配合，形成自然主義的中國思想史觀。李覯、費密、顏元都是不談空虛理學、主張實學實用的思想家，戴震除集此派思想大成外，還發揚了朱熹一路窮理格物的智識主義傳統，開創了胡適自己所嚮往的所謂「科學時代的中國哲學」。⓬

　　凡此都足以說明，在學術史上以嚴謹客觀態度出現的胡適，並不是爲啓蒙而啓蒙的胡適，並不是爲了宣揚西方民主與科學理念就不顧中國傳統，甚至排拒中國傳統的人。如果將啓蒙視爲因不滿中國固有傳統而集中力量輸入「德先生」、「賽先生」等近代西方價值理念，企圖教化國人，改變其「國民性」，由此而呈現其片面性與膚淺性的一種行動，則胡適在學術史上所呈現的，顯然不是這樣一種面貌，這種面貌，充其量也只能說是由他在一些通俗小文中所

---

❾　見胡適著，〈王充的哲學〉，原載《現代學生》1卷4、6、8、9期（1931年1至7月），收入歐陽哲生編，《胡適文集》（北京：北京大學出版社，1998）第10集；及〈記郭象的自然主義〉，收入胡適紀念館編，《胡適手稿》（臺北：中央研究院胡適紀念館，1970），第9集。

❿　胡適，《中國古代哲學史》（原名《中國哲學史大綱卷上》），《作品集》31，第三篇「老子」、第九篇「莊子」。

⓫　Hu Shih, " Chinese Thought ", *Asia Magazine.* vol.42,no.10（1942：10），收入周質平編，《胡適英文文存》（臺北：遠流出版公司，1995），第二冊。

⓬　胡適對窮理格物的理解是偏向科學方法一邊的，他認爲這是朱熹思想中符合科學精神的進步成份，至於涵養用敬等，則是「中古宗教的遺留」。筆者已有專文探討此一問題，見〈戴東原哲學與胡適的智識主義〉，收入拙著，《新思潮與傳統》（臺北：時報出版社，1995）。

造成的。胡適整體成就——包括學術史上的與社會現象上的通盤考慮——應該不只是一個「啓蒙人」，他的自我期許不止於此，其實質成就亦不只如此。更恰當的定位，應該說他是一位提倡「中國文藝復興」的人。當然，這裏並非說他沒有發起「啓蒙」的工作，也不是說他沒有發表過激烈反傳統言論，而是打算從另一個過去不太受人注意的角度去體會，指出其長久爲人忽視的複雜性與立體性。

　　胡適晚年在哥倫比亞大學口述史計畫中回顧自己所領導的新文化運動或新思想運動時，還是傾向於使用「中國文藝復興」這個名詞，借用歐洲「文藝復興」（The Renaissance）的概念，來闡明新文化運動的本質，認爲「在北京大學發起的這個新運動，與當年歐洲的文藝復興有極多相同之處。」❸歐洲文藝復興是藉著希臘、羅馬古文明的重光來消融中世紀的黑暗，從而誕生新的藝術文化生命。胡適使用「文藝復興」一詞，所著重的也是「文藝復興是我們祖宗有了這個資本，到這個時候給我們來用，由我們來復興它」。❹現代性依然是在本土基礎上的現代性，是本土原有基礎可以容納轉化的現代性，並非割裂傳統去追求西化。只是，本土基礎有各種不同的歷史澱積，要向現代化之途邁進，就得接受傳統中靠近科學（窮理格物）、民主一系的價值，以理智主義和智識主義爲南針，完成文藝復興的民族使命。

---

❸　唐德剛譯註，《胡適口述自傳》（臺北：傳記文學出版社，1986再版），頁174。

❹　胡適，〈中國文藝復興運動〉，《胡適演講集》（一），《作品集》24，頁181。

第二節　禪宗與中國思想復興

胡適在30年代前後投入大量時間與精力研究禪宗史,利用倫敦、巴黎兩處所藏敦煌經卷材料編成《神會和尚遺集》,並寫成〈荷澤大師神會傳〉,展開他所謂的「禪宗史的革命」。晚年仍孜孜不倦,取得更多歷史考證上的成就。在《水經注》問題上,胡適用力尤勤,前後約二十年間,寫成百餘篇文字上百萬言。這兩部分文字除少數出版者外,餘主要保存於《胡適手稿》,新出的《胡適遺稿》中又保存了如〈全校水經注辨偽〉等更原始的稿本,❺呈現更多胡適在此一學術工作上的努力過程。頗有學者對胡適這兩部分工作提出批評,有以為胡適弄禪宗史而全不理會禪宗精義,不免買櫝還珠之憾;有以為胡適重啓水經注案專為戴震辨誣,而終無法澄清,徒增糾紛。況且戴震是否剿襲趙一清之書,在酈學中僅屬枝節問題,即使公案澄清,對《水經注》本身之瞭解,並無幫助。更有人從根本上否定《水經注》研究之價值,認為這樣的題目那值得胡適這樣的人物去大做,言下不勝扼腕沈痛之至。

馮友蘭早說過:「有歷史家的哲學史,有哲學家的哲學史」❻,馮氏自己聲明「確不是歷史家」,胡適則期許自己是「治新史學的人」,批評過去的禪宗史研究「沒有歷史觀念」,故其重點本側重

---

❺ 據耿雲志考證,此稿件是《胡適手稿》中〈全氏七校水經注辨偽〉一文之修改前原抄稿。見氏著,〈中國現代史料的豐富寶藏:胡適先生私人檔案介紹〉,收入《胡適新論》(長沙:湖南出版社,1996),頁269。

❻ 馮友蘭,〈中國哲學史中幾個問題〉,見氏著,《中國哲學史補》(香港:太平洋圖書公司,1968),頁101。

在史實之發現與重建，而不在玄理探討。胡適在禪宗史研究上所採取的方法與史學觀點，與整個古史辨運動是相一致的。他在1924年就試作中國禪學史稿，卻發覺「今日所存的禪宗材料，至少有百分之八九十是北宋和尚道原、贊寧、契嵩以後的材料，往往經過了種種妄改和偽造的手續，故不可深信。」 ❶他於是趁著到歐洲參訪的機會，在倫敦、巴黎兩地蒐集敦煌經卷，得見《神會語錄》等唐代原始史料，確定神會才是禪宗「南宗革命」的最大功臣；路過東京時又從日本學者矢吹慶輝處得見敦煌本《壇經》，從而論證現存禪宗六祖慧能之《六祖壇經》，其實是神會或神會一派所作。神會爲攻擊當時最受朝廷尊奉的禪宗北宗，於是造作了袈裟傳法等神話式的禪宗法統史，以後南宗又「紛紛造達摩以上的世系，以爲本宗光寵」，如同顧頡剛提出了著名的「層累地造成的古史神話」說一般，胡適指證世傳禪宗傳法史也是一部層累地造成的宗教史神話，他自己的工作就是要打破神話，重建信史。

固然胡適沒有鑽研禪宗玄理教義的興趣，但也決不是只有「歷史考據癖」。在整個禪學史探討的努力中，胡適所最關懷的其實是一個中國本土思想復興的問題，即禪學逐步中國化自然化，在經過「北方野蠻民族」侵略之後，終於「恢復人的生活」，從而完成「佛教革命」的問題。他對此有一段很清楚的描述：

> 隋唐時代是很艱難的奮鬥，先把北方的野蠻民族來同化他，恢復了人的生活。在思想方面，將從前的智識解放出來；在文學方面，充滿了人的樂趣，人的可愛，肉的可愛，極主張

---

❶　胡適，〈神會和尚遺集序〉，《作品集》16，頁157。

享樂主義。這於杜甫和白居易的詩中都可以看得出。故這次
的文化可說是人的文化。再在宗教方面，發生了革命，出來
了一個禪。禪就是站在佛的立場上打倒佛的，主張無法無佛，
佛法在我，而打倒一切的宗教障、儀式障、文字障，這都成
功了。所以建設第二次帝國，建設人的文化和宗教革命，是
老英雄（中國）死裏逃生中三件大事實。**⑱**

依胡適的理解，此一建設人的文化的宗教「革命」，開始於晉宋之
間釋道生提倡頓悟，取代積功積德、調息安心的「印度禪」繁瑣漸
修工夫。胡適說：

> 頓悟之說，起源甚早，最初倡此說的大師是慧遠的大弟子道
> 生，即是世俗所稱爲「生公」的。……他是「頓宗」的開山
> 祖師，即是慧能、神會的遠祖……這是中國思想對於印度思
> 想的革命的第一大炮。革命的武器是「頓悟」，革命的對象
> 是那積功積德，調息安心等等繁瑣的「漸修」工夫。生公的
> 頓悟論可以說是「中國禪」的基石，他的「善不受報」便是
> 要打倒那買賣式的功德說……須知頓漸之爭是一切宗教的生

---

⑱　胡適，〈中國歷史的一個看法〉，《胡適演講集》（一），《作品集》24，
頁130。其時湯用彤作《中國佛教史略》，論禪宗一章亦謂傳法僞史「蓋皆
六祖以後，禪宗各派相爭之出產品」，與胡適所見正同。湯氏頗推崇胡適
在這方面的研究，1928年7月16日有信致胡適說：「前在《現代評論增刊》
中見尊作〈菩提達摩考〉，至爲欽佩……蓋聞台端不久將發表禪宗史之全
部，未見尊書，不能再妄下筆。先生大作如有副稿，能寄令先睹，則無任
欣感。」見胡適〈論禪宗史的綱領〉附，《作品集》12，頁151。

死關頭，頓悟之說一出，則一切儀式禮拜懺悔念經念佛寺觀
佛像僧侶戒律都成了可廢之物了。故馬丁路德提出一個自己
的良知，羅馬天主教便坍塌了半個歐洲。故道生的頓悟論出
世，便種下了後來頓宗統一中國佛教的種子了。❶

漸頓之爭有否如胡適所說的「是一切宗教的生死關頭」，頓悟之說
一出，是否佛教一切形式戒律都成了可廢之物？這些地方自然可以
引起無數爭議。撇開這些學術爭議不談，上述這種「革命史觀」，
正好表現出胡適個人對禪學中國化的認同與期待。在知識論上，胡
適最不支持的可能就是頓悟說，這只要重溫胡適在「科玄論戰」中
的態度就可以知道。而在禪宗頓與漸的方法之爭中，胡適卻爲頓悟
加上了「革命」的光環，將之視爲「中國思想對印度思想的革命」
的武器，並將之比擬爲歐洲馬丁路德之改教，其中所透露的胡適思
想結構之訊息，正彰彰可尋。

　　胡適將禪宗南宗視爲「中國思想對印度思想的革命」，這陳述
本身當然有史實依據，但強調到「頓悟之說一出」，則一切佛教形
式戒律「都成了可廢之物」，則顯然是一種過於概括（generalization）
的論斷，詮釋的成份，多於歷史考證。

　　胡適的詮釋還不止於此。他引用唐代宗密〈禪源諸詮集都序〉
說神會主張「知之一字，眾妙之門」，遂加以解釋說：

可見此宗最重知見解脫。當日南北之爭，根本之點只是北宗
重行，而南宗重知。北宗重在由定發慧，而南宗則重在以慧

---

❶　胡適，〈荷澤大師神會傳〉，《作品集》16，頁127-129。

攝定。故慧能、神會雖口說定慧合一，其實他們只認得慧，
不認得定。此是中國思想史上的絕大解放。禪學本已掃除了
一切文字障和儀式障，然而還有個禪定在。直到南宗出來，
連禪定也一掃而空，那才是徹底的解放了。❷⓿

胡適將「慧」理解爲「知」，而將「定」理解爲「坐禪」，引用神
會「若有坐者，『凝心入定，住心看淨，起心外照，攝心內證』者，
此障菩提，未與菩提相應，何由可得解脫」之說，說神會「根本否
認坐禪之法」，而「完全側重知解」。❷① 胡適在另一處地方說過，
中國禪宗是慧包括定，慧的成份多，印度則定包括慧，定的成份多，
又說印度禪的方法，都只是入定。❷② 反對印度禪，其動機並不是爲
了國粹主義或民族主義，而是反對其絕知解入禪定的反智方法。對
胡適而言，中國哲學本是重理智主義的哲學，❷③ 慧能、神會的南宗
主張「只有智慧能夠超度自己，脫離生死」，❷④ 將來自印度的宗教
問題帶入中國傳統思想架構中進行轉換創化，重返中國理智主義哲
學傳統，所以「總結起來，這種禪學運動是革命的，是反印度禪，
打倒印度佛教的一種革命……悟到釋迦牟尼是妖怪，菩提達摩是騙
子，十二部經也只能拿來做揩糞紙，解放、改造、創立了自家的禪
宗。」❷⑤ 這樣，胡適通過其禪學史的研究，肯定了理智主義的本土

---

❷⓿　同上，頁135。
❷①　同上，頁133-135。
❷②　胡適，〈中國禪學的發展〉，《作品集》24，頁65、69。
❷③　見胡適，" The Chinese Tradition and The Future " 等著作，詳細討論見本書
　　　第一章第二節，及拙著，〈戴東原哲學與胡適的智識主義〉。
❷④　同註22，頁103。
❷⑤　同上。

思想復興，重新架構他心目中的中國思想傳統，其立場顯然不純是「啓蒙」的，而有更多「文藝復興」的成份。

確定了禪宗南宗革命是中國本土思想對印度佛教的革命此一原則之後，胡適便得以歡愉流暢地描述出一部「完整」的中國文藝復興史：

> 禪宗革命是中國佛教內部的一種革命運動，代表著他的時代思潮，代表八世紀到九世紀這百多年來佛教思想慢慢演變爲簡單化、中國化的一個革命思想。……佛教的革新，雖然改變了印度禪，可以仍然是佛教。……韓文公以後，程子、朱子的學說，都是要治國平天下。經過幾百年佛教革命運動，中國古代的思想復活了，哲學思想也復興了。❷⑥

胡適不止一次提到，宋明理學是禪學的後續轉換發展。禪學南宗確立了佛性就在自身此一普遍原則，修行就是從智慧上反躬而求，自得頓悟。理學在繼承此一重要原則之後，再取得兩大進步：一、方法的改變：以客觀的格物替代了主觀的心理；二、目標的改變：從誠意正心到治國平天下，不是只超渡個人，而是超渡整個社會。❷⑦

客觀的格物是理智的、科學的態度，超渡社會則是入世的、人文的精神，這兩者本是印度宗教進入之前，中國本土固有的文化精神，同時又都經歷了一種現代性的轉變，使本已衰老的文明得重新復活，造成「文藝復興」的效果。在一本不太爲中文讀者熟知的英

---

❷⑥　胡適，〈禪宗史的一個新看法〉，《作品集》24，頁118-119。
❷⑦　〈中國禪學的發展〉，《作品集》24，頁103。

文專著*The Chinese Renaissance*（《中國文藝復興》）中，胡適指出，這樣的文藝復興，在中國唐代以後、五四運動以前的歷史上已發生過四次：禪宗的產生代表中國文化第一次復興；宋代新儒學以世俗哲學取代中世紀宗教，可看成是第二次文藝復興；明代戲曲與章回小說興起，對愛情與人間生活樂趣坦然頌揚，可稱爲第三次文藝復興；清代樸學對理學反抗，在文獻研究上帶來重視證據的新方法，是第四次文藝復興。這些歷史運動，每一次都對「恢復一個古老文明的生氣和活力起了重要作用」，都是名副其實的「文藝復興」。❷尤其是清代三百年間的學術，承程朱格物窮理的哲學精神，發展出「可行的科學方法」。在價值系統上，他們有著與近代西方科學同樣的懷疑精神，只服從證據而不輕信權威；在方法上，他們要求每個理論、每個語言學的觀點、每段歷史陳述都要有事實依據。因此，儘管知識對象不是星星、球體、斜面、數字和天文圖表，而只是局限於倫理、社會、政治、哲學的人事世界，中國在宋以後八百年的歷史中，確實已養成了一種「科學傳統」，年輕一代只要吸收西方理論、養成實驗習慣、掌握運用精密儀器的技巧，擺脫古老習慣的無意義的抵制，科學文明就能在中國傳統文明上繼續生長，造就的是同一具有中國根柢的文明而不是另一個陌生的文明，因爲，科學即「系統的知識」，原是中國即物窮理思想的合理發展，❷而

---

❷　Hu Shih, *The Chinese Renaissance: The Haskell Lectures 1933* （Chicago: The University of Chicago Press, 1934）, Chapter 3.

❷　參看同上書第4章。胡適在本章中的敘述並非如此緊湊透闢，筆者根據原典敘述加上對其他原典文獻全面閱讀涵詠的印象，得出以上闡述。由於文字較原文簡潔集中（不必諱言，胡適學術文字相當鬆懈冗雜，雖明白曉暢卻

不是湯恩比（Arnold J. Toynbee）所說的，是陌生的宗教（strange religion）與陌生的技器（strange technology）。**❸⓿**

第三節　文藝復興與充份世界化

文化保守主義者如梁漱溟認爲，科學所帶來的物質文明是純西方文化的產物，與中國的精神文明根本不同。因此，梁氏雖然並不排拒科學，卻顯然也不認爲科學及與科學密切相關的物質文明實內在於中國的精神文明中，是精神不可分割的一部分。這樣，無可抗拒的現代化科學文明與中國固有精神文明之間，自然會產生緊張性，這是保守主義者無可避免的情境。作爲文藝復興論或轉化論者，胡適不認爲這種緊張性需要存在。據他理解，由於中國固有的本來是一種「知識化和理性主義的生活哲學」，所以很多從傳統中成長卻具有新思想的知識分子，如吳稚暉和蔡元培等人，他們的思想「並非單純來自西方科學影響的結果，也是與整個中國民族自然主義和理性主義傳統幸運地相結合的結果。」這種「幸運的結合」讓中國知識分子在現代化或世界化的過程中感到自在，並無所謂的陌生感，更不必有緊張性。**❸①**

非簡潔有力，此亦是胡適學術工作之致命傷），故在說明上亦似較原文更透闢，但絕未逸出或改變原文之論點。

❸⓿ A. Toynbee, *The World and The West* (London: Median Books, 1958), Chapter 4.

❸① 同註28所揭書，第5章。類似的論點亦見於胡適多篇英文文章，可參考本書第一章第二節所述。

　　換言之，全心全意地接受科學新文明，或者說「充份世界化」，甚至在不嚴謹的用語時說「全盤西化」，在胡適的理路中，都並不蘊涵取消中國文化根柢此一命題。當胡適說「全心全意世界化」或「充份世界化」時，他指的「世界」不是歷史文化上的歐美世界，而是科學文明所帶來的新世界。❷這世界從輪船火車等技術工具的引進到舊家庭制度解體、社會等級重新調整，變化不可謂不大，❸而且絕大多數技術工具和制度都先在西方發生，「西化」從某一程度而言，並非不存在的現象。但作爲科學精神的主體：即物窮理、懷疑精神、實事求是、服從證據等，甚至從更根本的成體系的價值觀念上來說：堅持自然主義、理智主義、肯定人間生活的優先性等，這些孕育科學精神的前提文化，則都是道地的中國本土思想，亦即是所謂的「中國根柢」。

　　科學技術及與此技術相適應的社會基礎從中國根柢上接生，「並不是什麼強加到我們身上的東西，並不是什麼西方唯物民族的物質

---

❷　胡適說：「以懷疑態度研究一切，實事求是，莫作調人，這就是中國思想家的精神。他們讓中國理智自由的火炬永遠不熄。就是這種精神，讓中國眾多思想家在新世界新時代中，有回歸故園的熟悉感。」所述的新世界顯然是指科學（懷疑精神）的世界而非歐美世界。見 Hu Shih, "Chinese Thought", *Asia Magazine*, vol.42, no.10（1942：10）。收入《胡適英文文存》二，頁1035-1039。　其他類似內容尚可見於胡適其他文章如："The Struggle for Intellectual Freedom in Historic China"（1942）；《談談中國思想史》（1947）等。至於歷史文化上的歐美世界，胡適確知其不能全盤模倣。他說：「西洋文化確有不少的歷史因襲成分，我們不但理智上不願採取，事實上也決不會全盤採取。」見胡適，〈充分世界化與全盤西化〉，《胡適文存》四集四卷，《作品集》18，頁144。

❸　參見同註28所揭書，第6章。

文明，是我們心裏輕視而又不能不勉強容忍的。」❸❹因此，無論如何「虛心接受這個科學工藝的世界文化和它背後的精神文明」，即「全心全意世界化」或「現代化」，中國根柢或中國本位並不會消失，「將來文化大變動的結晶品，當然是一個中國本位文化」，❸❺這文化並會因經過科學淘洗，而形成比歷史上前四次文藝復興更自覺更徹底的中國現代文藝復興。❸❻

　　與胡適共同創造文學革命內容的周作人曾經形象化地闡明過胡適所要說明的道理：

> 我們歡迎歐化是喜得有一種新空氣，可以供我們享用，造成新的活力，並不是注射到血管裏，就替代血液之用。向來有一種鄉愿的調和說，主張中學爲體西學爲用，或者有人要疑我的反對模仿歡迎影響說和他有點相似。但其間有這一個差異：他們有一種國粹優勝的偏見，只在這條件之上才容納若干無傷大體的改革，我卻以遺傳的國民性爲素地，盡他本質上的可能的量去承受各方面的影響，使其融和沁透，合爲一體，連續變化下去，造成一個永久而常新的國民性，正如人的遺傳之逐代增加異分子而不失其根本的性格。❸❼

---

❸❹　Hu Shih, " Social Changes and Science ", A Speech delievered at the Four-Nation Science Education Conference, Taipei, Nov. 6, 1961。收入《胡適英文文存》三，頁1585-1589。

❸❺　胡適，〈試評所謂中國本位的文化建設〉，《作品集》18，頁140。

❸❻　同註28所揭書，第3章。

❸❼　周作人，〈國粹與歐化〉，見《自己的園地》，《周作人全集》（臺中：藍燈文化事業，1982），頁10-11。

周、胡二氏的看法其實代表了新時代要求轉化的知識分子間共通的
思想傾向。他們也同意每一民族的文化均有其自身之根本，❸但不
能有國粹優勝或中體西用的偏見，而應該袒開胸懷，自由而充份地
去承受科學與科學背後精神文明的影響，在自然遺傳的國民性之基
礎上，與世界文化融和沁透，造成不失根本性格的新的國民性。事
實上，在德國吸納法國現代文化或法國吸納英國工業文化時，都曾
引起國粹優勝與世界化之間的激辯，❸結果歐洲選擇了以開放態度
完成現代化的歷史過程，英法德最終都成為科學的現代化的國家，
可是並沒有失去原民族的根本性格。中國如果不能不走向現代化，
則抱定自由、平等、開放迎接的態度，是否會比堅持國粹優勝來得
更健康、更具功效？

　　當然，東西方在近代接觸的歷史與歐洲本身的交流史完全不同。
如金耀基先生所說：

　　　從心理的動機來觀察，中國的現代化是為了雪恥圖強，而並

❸　李大釗的看法又有其同中有異的新穎處，他說：「宇宙大化之進行，全賴
　　有二種之世界觀鼓取而前，即：靜的與動的，保守與進步是也。東洋文明
　　與西洋文明，實為世界進步之二大機軸，正如車之兩輪，鳥之雙翼，缺一
　　不可。……由今言之，東洋文明既衰頹於靜止之中，而西洋文明又疲命於
　　物質之下。為救世界之危機非有第三新文明之崛起不足以渡此危崖……而
　　東西文明真正之調和則終非二種文明本身之覺醒萬不為功。所謂本身之覺
　　醒者，即在東洋文明，宜竭力打破其靜的世界觀，以容納西洋之動的世界
　　觀；在西洋文明宜斟酌抑止其物質的生活，以容納東洋之精神的生活而已。」
　　見李大釗，〈東西文明根本之異點〉，高瑞泉編，《李大釗文選》（上海：
　　上海遠東出版社，1995），頁153。
❸　參閱艾愷，《文化守成主義論》（臺北：時報出版公司，1986），頁28-75。

沒有意識到中國的現代化是中國當有的發展。因此，中國現代化是在「勢」上逼出來的，而非在理上展現出來的。用白蘭克（C. Black）的術語說，中國的現代化是一種「防衛性的現代化」（defensive modernization），也即多少是有消極性的。❹

胡適一向是從理智上看問題的，他看到的是中國的現代化乃中國本身當有的發展，乃從理上展現出來的，不該帶一絲一毫的勉強。所以他教人毋須理會資本主義帝國主義侵略等外力壓迫問題，而須集中全力對付自身社會文化中貧窮、疾病、愚昧、貪污、擾亂等「五大仇敵」。❹只要中國文化本身從根柢上出發完成自我復興的任務，一時的外力壓迫問題是終究可以解決的。理智主義加上樂觀主義，使胡適完全漠視「勢」的問題，他在30年代之後與時代現實基本脫節，在一片「救亡」聲中堅持迂遠的自我復興之路，變成一個「純言論人」，主要是由他自己這種「理上開展」的文藝復興思路所造成的。

第四節　《水經注》與「戴學」的建構

《水經注》的研究，是胡適晚年爲維護理智主義或智識主義而孤身奮戰的一個主戰場。

---

❹　金耀基，《中國現代化與知識分子》（香港：大學生活社，1979四版），頁3。

❹　胡適，〈我們走那條路〉，《胡適文存》四集四卷，《作品集》18，頁6。

　　乾隆中葉，趙一清、全祖望、戴震三家同治《水經注》一書，全趙二書先成，四庫開館時采進，然未刊刻。乾隆三十八年，戴震入四庫館任纂修官，因得見《永樂大典》本《水經注》，據以董理舊業，刊行殿版及自刻之《水經注》，成三家中最早刊行之《水經注》校本。

　　戴震死後三年（乾隆四十五年，1780），已有趙一清的同鄉、也曾任四庫館分纂的朱文藻散出消息云：「此書（戴校《水經注》）參用同里趙□□一清校本，然戴太史無一言及之」，❷懷疑戴震有抄襲行為。至道光時，魏源著〈趙校水經注跋〉，力證戴震剿竊趙書；張穆作全氏〈水經注辨誣〉，言戴震在《水經注》中所謂發凡起例區分經注之功，乃襲冒榭山既成之作。清末民初以來，楊守敬、王國維、孟森等當代名儒皆力主東原抄襲之說，言之鑿鑿，幾成鐵讞。

　　面對這張由當代文史界著名學者織成的權威之網，胡適選擇了使用這些名學者最擅長的考證學方法，反攻他們的考證學。胡適出發的第一步是蒐集各種《水經注》版本。他覺得兩種戴震手定的《水經》和附考，其一成於乾隆三十年，為周叔弢家藏本；其二為乾隆三十七年重抄本，藏於北京大學，卷首有「愛日樓定本」五字。兩種原抄本顯示，戴震在入四庫館之前，已基本完成了將《水經注》經、注重分的大工程，並曾三次改定《水經》一百廿三水的次序系統，他實在毋須再抄襲別人的作品。根據書中校補渭水中篇的情形，

---

❷　胡適，〈戴震的官本水經注最早引起的猜疑〉引上海合眾圖書館藏清孫潛鼎校武英殿本《水經注》跋。《胡適手稿》第1集。

趙一清和全祖望據所得的孫潛校柳僉抄宋本，❹知道通行本此處脫
了一個整頁，均已補上。戴震不知此處脫去四百十八字的一整頁，
用盡各種方法，方補得一百八十多字，可知戴震在乾隆三十七年前，
並未得見趙一清和全祖望的校本。翌年，戴震已在四庫館得見《永
樂大典》本，亦毋須再事剽竊。

　　從堅實的版本工夫出發，胡適發現以古書地理學在光緒朝名震
一時的楊守敬，在評斷戴校《水經注》一案上並未下版本學工夫，
其斷語因此是輕率且武斷的。楊守敬在極受士林重視的《水經注疏
要刪》一書中舉證鑿鑿，力言戴震剽竊趙一清校本。胡適發現，楊
守敬所用來對勘的趙一清校本，只是王先謙編的聚珍版（武英殿版）
戴校和趙一清本的合校本，並未用過任何一種趙書的單刻本，包括
初刻未修本、初刻初修本、修改重刻本、及後來各種翻刻本。底本
既不精，對勘何從得其平？更無論斷獄矣。❹

　　在王國維與孟森的考據中也存在著類似的問題。王國維證明戴
震剽竊的主要方法，是用《大典》本與戴校聚珍本互校，「頗怪戴
本勝處全出《大典》本外，而《大典》本勝處，戴校未能盡之」，
❹從而證明戴震說自己用《大典》本校書乃是託詞，再用全、趙二
家書對勘戴校，證明戴氏確有剽竊。事實上，王國維所得的《大典》
本乃借自蔣汝藻所藏，只是《水經注》的前半部，這書王氏只校過

---

❹　關於《水經注》各種版本問題，見胡適，〈水經注版本展覽目錄〉，《北
　　京大學五十周年紀念特刊》（北京大學出版社，1949）。

❹　胡適，〈論楊守敬判斷水經注案的謬妄〉，《胡適手稿》第5集。

❹　王國維，〈聚珍本戴校水經注跋〉，收入《觀堂集林》卷十二（香港：中
　　華書局香港分局，1959）。

一次，以後他覺得「時有一二疑竇」，「欲再借校以畢前業」時，蔣汝藻的書已賣給了涵芬樓，王國維不久也自殺了。胡適於是說，王國維校《大典》本其實校得很「草草」，王氏在〈永樂大典本水經注跋〉中說：「《大典》所據原本與傅氏（傅沅叔）所藏殘宋本大同。」胡適將殘宋本逐字校寫在影印《大典》本上，發現「兩個本子雖然很接近，但《大典》本的底本實在比殘宋本更精好」，❹說明王國維在《大典》本《水經注》上的用功，其實並不很深。

　　孟森附和張穆所說的，以為戴震根本沒有用過所謂的《大典》本來校書。《永樂大典》本的《水經注》是在水字韻下整本收入的，並未割裂分開，而《四庫全書總目提要》則說：「今以《永樂大典》所引，各案水名，逐條參校」，說《水經注》中各水原來都分散編入各不同韻部，不是明顯的詐欺嗎？張穆推測說，《提要》不知何人撰進，「然其論必倡自戴氏」。孟森更因為乾隆為慶祝《大典》本《水經注》抄呈而御制題詩自注中說：「《永樂大典》所載之書，類多散入各韻，分析破碎，殊無體例，是書亦其一也」，而直指戴震「然則逐韻分隸之說偽也，是否欺及主上，非某所敢言也。」❹孟森沒有留意，乾隆罵《永樂大典》「割裂全文」的論旨早在三十八年二月初六日及初十日就已經下了，而戴震入四庫館是三十八年秋天的事，接《水經注》校纂的工作，更遲至三十九年夏秋之間。在此之前，《水經注》校纂的工作由一位已佚名的翰林負責，是這

---

❹　胡適，〈評論王國維先生的八篇水經注跋尾〉，《胡適手稿》第6集。胡適對此均有舉例說明。

❹　孟森，〈擬梁曜北答段懋堂論戴趙二家水經注書有序〉，《胡適手稿》第5集下冊引。

位翰林欺主邀功或皇帝自己自作聰明？已無可考，總之與戴震無涉。
而在皇帝一再下旨又屢制御詩譏笑《大典》的情況下，有那個臣下
會在這種不相干的題目上去指正今上讀書錯誤？《四庫提要》須呈
御覽，總持筆政的紀昀等人又怎敢不隨聲附和天子聖明？孟森先生
一代清史權威，但在這個小問題上，則顯然失考了。

　　雖然如此，胡適要證明戴震完全沒有剽竊，卻也力有未逮。胡
適以全副精神考辨的，是戴震在乾隆三十八年之前尚未見到全趙二
家之書。在諸如「渭水中篇」缺頁未補這樣明確的證據未能被推翻
之前，胡適的立論自有其可信之道。即戴震在《水經注》一書上確
曾自下工夫，獨立發明經注分離之凡例，發現注中有注，重定各水
次序系統等，不可輕誣其剽竊。但自戴震入四庫館校書之後，他盡
有機會取讀全趙成書，也難保證他在《大典》本之外，不會順便取
用全趙成說，甚至在校書時走了捷徑，變成以全趙成說為主，以《大
典》為輔，如胡適自己在最早時所說：「也許只是抄襲趙書，躲懶
取巧，趕完一件官中工作而已」，❹也不能說是全無可能的事。在
各家舉證歷歷下，胡適雖寫了上百萬字的考證文章，也未能一一反
駁所有重要證據，成功地為懸案定讞。❹

　　但胡適的百餘萬言著作也不能說是沒有意義或效果的。在效果
上，他把楊守敬、王國維等人都宣稱是「定讞」的剽竊案，又變成
具有合理疑點的懸案，雖未能成功為戴震洗罪，至少阻止了他被草

---

❹　胡適1937年1月19日致魏建功信，見《胡適手稿》第1集上冊。

❹　可參看楊家駱，〈水經注四本異同舉例〉，《學粹》4卷5期（1962）、陳
　　橋驛，〈民國以來研究水經注之總成績〉，《中華文史論叢》53輯（1994）；
　　及《水經注研究史料匯編》（臺北：藝文印書館，1984）等書。

草定罪。在意義層次上，胡適秉持「古史辨」的懷疑精神，提醒學術界不要輕易追隨權威，必須用理官斷獄的態度與實證科學的方法，消極地要防止「考證學墮落」，積極地則要推使考證學更上層樓，達到與實證科學同樣嚴謹、客觀、實事求是的新地平，❺❶建設一種後科學時代的、理智主義與知識主義的新學術風氣，也就是胡適常常宣稱的「新史學」的學風。

　　上百萬言的爲戴辨誣，當然不是只有考證學本身的意義，儘管這意義也非不重要。查胡適重審《水經注》一案的動機，實起源於對「戴學」的擁護與反對之爭。《北京圖書館文獻》第15輯載有1924年胡適致王國維函，事緣當時梁啓超、胡適等發起紀念戴震誕辰200周年，胡適乃爲北京大學《國學季刊》約稿，邀王國維撰「論戴東原水經注」一題，王氏不應，卻自行撰寫〈聚珍本戴校水經注跋〉一文嚴詞批判東原，說：

> 東原學問才力，固自橫絕一世，然自視過高，騖名亦甚，其一生心力專注於聲音訓詁名物象數，而於六經大義所得頗淺。晚年欲奪朱子之席，乃撰《孟子字義疏證》等書……其著他書，亦往往述其所自得而不肯言其所自出。其生平學術出於江愼修，……其於江氏亦未嘗篤在三之誼，但呼之曰婺源老儒江愼修而已。其治酈書也亦然，黃胡全趙諸家之説，戴氏雖盡取之，而氣矜之隆，雅不欲稱述諸氏。……凡此等學問上可忌可恥之事，東原胥爲之而不顧，……平生尚論古人，

---

❺❶　參看胡適，〈考據學的責任與方法〉、〈校勘學方法論：序陳垣先生的元典章校補釋例〉等論文。

> 雅不欲因學問之事，傷及其人之品格，然東原此書方法之錯
> 誤，實與其性格相關，故縱論及之，以爲學者誡。❺

王國維著作中的確很少有這樣大動肝火的例子，文中直斥戴震的「性
格」造成其學術錯誤，是怎樣的性格呢？最主要的問題就是「欲奪
朱子之席」，在義理學上想取朱子而代之，這是王國維大動正義之
火的眞正原因。

　　胡適在《國學季刊》「戴東原紀念號」上對此事有所憶述，他
說：

> 王國維先生似乎很不贊成我們那種稱頌戴震及「戴學」的態
> 度。他在「戴東原200年紀念」後的兩個月內，寫成了這兩篇
> 題著「甲子二月」的文字，特別是〈聚珍本戴校水經注跋〉，
> 那是篇痛罵戴震的文字。……這篇文字，也顯然是對於我們
> 提倡「戴東原200年紀念」的人的一個最嚴厲的抗議，也顯然
> 是對於戴震的人格的一個最嚴厲的控訴。❺

由此可見，環繞著戴校《水經注》一案的，並不是專門的「酈學」
問題，也不是單純的考證辨誣，而是在學術上擁護與反對「戴學」
的學術定性問題，也就是近代學術應該沿戴震「情欲哲學」（梁啓超
語）❺與「重智主義」（胡適的理解）的「新義理學」方向繼續發展，

---

❺　見註45，頁580-582。
❺　陳橋驛先生先注意到了胡適這篇文章，見氏著，〈論胡適研究水經注的貢
　　獻〉，耿雲志編，《胡適研究叢刊》第2輯（1996）。
❺　見梁啓超，《戴東原哲學》，收入《飲冰室合集·文集》卷40。梁氏自己

還是堅持清學只有考據而無義理，義理仍得歸宗程朱（或陸王）的「正統」立場？胡適在感覺到王國維的「抗議」時，他也意識到問題的主旨所在，除上述文章之外，他在1952年一次公開演說中也提到：

> 張穆、魏源、孟森、王國維他們為什麼罵十八世紀一位了不得的大哲學家、大思想家戴東原是賊呢？因為戴東原是當時思想的一個叛徒，批評宋朝理學，批評程子、朱子。罵戴東原這一班人……同時動了正義的火氣，沒有做到「和」；稍為查了一下，就發表文章，也沒有做到「緩」。❺❹

　　胡適對王國維、孟森這些學者基本上是抱著尊敬之意的，他認為，這些平素治學極有方法的學者，之所以會在戴校《水經注》問題上表現得如此不客觀不專業，就是因為他們先不滿意於戴震「欲奪朱子之席」，不滿意他的「人格」。換言之，這還是一個學術體系認同的問題。胡適認同於戴震建立的清儒「新義理學」，在所著《戴東原的哲學》一書中讚譽那是「清朝學術全盛時代的哲學」，企圖以戴東原哲學為中心，上接程朱窮理格物之說，旁通西方實驗主義哲學，以發展中國「科學時代的新哲學」。❺❺王國維等人的思維，則沿承與戴震並時的章學誠，章氏一方面以其卓識，在只承認

復受東原哲學影響，雖仍提倡陸王心學，卻已將玄學層面的理性、太極等觀念澄汰，見Hao Chang（張灝），*Liang Ch'i-chiao and Intellectual Transition in China*（Cambridge: Harvard University Press, 1971），Chapter 6.

❺❹　胡適，〈水經注考〉（1952年12月19日在臺大文學院演講），《胡適演講集》（一），《作品集》24，頁60。

❺❺　筆者已有專文探討此一問題，見拙著，〈戴東原哲學與胡適的智識主義〉。

考據學價值的乾嘉時代推崇戴震義理著作，說「戴著論性原善諸篇，於天人理氣，實有發前人所未發者。」一方面則批評戴震「心術未醇，頗爲近日學者之患」，謂：「戴君學術，實自朱子道問學而得之……偶有出於朱子所不及者，因而醜貶朱子，至斥以悖謬，詆以妄作……至今徽歙之間，自命通經服古之流，不薄朱子，則不爲通人，而誹聖排賢，毫無顧忌，流風大可懼也。」❺❻章氏這些論點，基本上都爲王國維所繼承，而以王國維的「正統」立場而言，胡適等人不啻就是「徽歙之間」「誹聖排賢，毫無顧忌」的戴學末流。而站在胡適古史辨學風的立場，懷疑是追求眞知的不二法門，只要證據充分、事實如此，誹聖排賢庸有何傷？此與戴震「研究古義，務求精核，於諸家無所偏主」的立場正合。❺❼新舊學風的差別如此，擁戴與反戴，便剛好成了兩陣交鋒的題目，「心術」問題，也就成了學術問題。❺❽

---

❺❻ 章學誠，〈書朱陸篇後〉，《文史通義》內篇二。同時期翁方綱也說：「近日休寧戴震，一生畢力於名物象數之學，博且勤矣，實亦考訂之一端耳。乃其人不甘以考訂爲事，而欲談性道以立異於程朱。」見氏著，〈理說駁戴震作〉，《復初齋文集》卷七。

❺❼ 紀昀，〈與余存吾太史書〉評戴震語。收入張岱年主編，《戴震全書》七（合肥：黃山書社，1997）。

❺❽ 魏源與王國維都指稱，戴震對業師江永殊不敬重，在著作中引及師說時，但稱「同里老儒江愼修」，以此坐實戴震「心術未醇」的形象。胡適在這個問題上亦費了一番工夫去疏通求索，在孔繼涵刻本《戴氏遺書》中統計出，戴震共稱引「江先生」凡十三次，時序從東原二十三歲到五十四歲，並無不敬之事。他於是說：「魏王兩君都是治學有方法的人，但他們說這話，實在太不小心，近於惡意的誣枉。」見胡適，〈戴震對江永的始終敬禮〉，《胡適手稿》第1集。

　　胡適是主張思想解放的人，他的反尊孔反禮教、提倡文學革命、主張自由主義個人主義，都符合其思想解放的一貫性。但解放不是虛無，不是爲反傳統而反傳統，而是以重智主義或智識主義爲綱紐大貫，以此審視傳統與一切習俗，重新估定價值。重智主義或稱理智主義（rationalism），強調人在思考時的科學性、合理性，而不訴諸超自然或神祕的解釋。智識主義（intellectualism）立足於理智的基礎上，強調知識與學問的決定性地位，反對玄虛冥想。在胡適的理解中，智識主義有時會與理智主義分途，如孔子是理智主義與智識主義合一的，老子對宇宙的自然主義的解釋，使他與孔子一樣傾向理智主義，但他排斥知識，倡議愚民，則是反智論（anti-intellectualism）的態度。❺❾

　　胡適強調，中國思想傳統的特質就是人文的、合理的和自由的，這是「古典時代對後代理智生活留傳下來的，最寶貴的遺產」，成爲「以後各時代文化與理智生活的基礎。」其間雖有印度宗教的嚴重干擾，最後還是本土思想復興，用理智主義挽回了中國的「蠻化」。胡適說：

> 古典時代的三種思想遺產，成爲以後各時代文化與理智生活的基礎。……它給予中國一種理智的標準，用來估定一切域外輸入的理念與制度。一旦中國思想變得太迷信、太停滯、太不合乎人文精神時，這個富有創造性的理智遺產，總會出來挽救。❻⓪

---

❺❾　看胡適的 "Chinese Thought" 等著作，見註11。

❻⓪　同上。

在理智主義的思想架構下，胡適將程朱系的宋儒理學一分爲二，認爲其中居敬主靜的部分仍爲中古宗教的遺留，窮理格物則是「嚴刻的理智態度，走科學的路」。這個科學化的、理智主義的宋學系統，經與陸王心學作辨證式結合後，出現了「確有科學精神」重知識學問的清代樸學，完成了五四之前中國傳統學術的近代轉化。胡適描述他心目中這種理智主義與知識主義的思想史演變過程說：

> 程朱的格物論注重「即物而窮其理」，是很有歸納的精神的。可惜他們存一種被動的態度，要想「不役其知」，以求那豁然貫通的最後一步。那一方面，陸王的學說主張眞理即在心中，抬高個人的思想，用良知的標準來解脫傳注的束縛。這種自動的精神很可以補救程朱一派被動的格物法。程朱的歸納手續，經過陸王一派的解放，是中國學術史一大轉機。解放後的思想，重新又採取程朱的歸納精神，重新經過一番樸學的訓練，於是有清代學者的科學方法出現，這又是中國學術史的一大轉機。……中國舊有的學術，只有清代的樸學確有科學的精神。**❻❶**

樸學成就了乾嘉新經學的研究，哲學受到新經學的洗禮，知道「天人性命之學，不可以空言講也」，「故善言天人性命，未有不切於人事者」，**❻❷**「天人性命之理，經傳備矣」，**❻❸**從而產生了立足

---

❻❶ 胡適，〈清代學者的治學方法〉，《胡適文存》一集二卷，《作品集》4，頁158-159。

❻❷ 章學誠，〈浙東學術〉，《文史通義》內篇二。

❻❸ 章學誠，〈朱陸〉，同前揭書。

於經學研究和血氣心知之性的戴震「新義理學」。胡適說：

> 其時有大思想家戴震出來，用當時學者考證的方法，歷史的
> 眼光，重新估定五百年的理學的價值，打倒舊的理學，而建
> 立新的理學，是爲近世哲學的中興。**❻❹**

又說：

> 這個時代是一個考證學昌明的時代，是一個科學的時代。戴
> 氏是一個科學家，他長於算學，精於考據，他的治學方法最
> 精密，故能用這個時代的科學精神到哲學上去，教人處處用
> 心知之明去剖析事物，尋求事情的分理條則。他的哲學是科
> 學精神的哲學。**❻❺**

胡適顯然在戴震「新義理學」中找到了自己智識主義的同道，
將戴學推上科學時代新哲學的開創地位。胡適在哲學上的自我期許
甚高，到晚年時仍惦掛著「我們東方的人最好有一種科學技術文明
的哲學」，**❻❻**所以，他在研究戴學時，心底就先存了個戴震哲學能
不能中興中國哲學的大問題。他問道：

> 我們生在這個時代，對於戴震應取什麼態度呢？戴震在今日
> 能不能引起我們中興哲學的興趣呢？戴震能不能供給我們一
> 個建立中國未來的哲學的基礎呢？**❻❼**

---

❻❹ 胡適，〈幾個反理學的思想家〉，《胡適文存》三集二卷，《作品集》11，
頁103。

❻❺ 同上，頁114。

❻❻ Hu Shih, " Social Changes and Science "，《胡適英文文存》三，頁1587。

❻❼ 胡適，《戴東原的哲學》，《作品集》32，頁138。

雖以提問方式出之，但胡適本身早已有了答案。他不但確認戴學是清代哲學的典範，而且希望繼續沿用此一典範，以建立「科學的致知窮理的中國哲學」。他說：

> 我們關心中國思想的前途的人，今日已到了歧路之上，不能不有一個抉擇了：我們走那條路呢？我們還是「好高而就易」，甘心用「內心生活」、「精神文明」一類的揣度影響之談來自欺欺人呢？還是決心不怕艱難，選擇那純粹理智態度的崎嶇小路，繼續九百年來致知窮理的遺風，用科學的方法來修正考證學派的方法，用科學的知識來修正顏元、戴震的結論，而努力改造一種科學的致知窮理的中國哲學呢？我們究竟決心走那一條路呢？❻❽

胡適在1923到1925年寫成的《戴東原的哲學》一書，名爲研究，其實與戴震寫《孟子字義疏證》一樣，主要還是發揮個人的哲學見解，藉闡釋舊傳統建立自己的新傳統。❻❾胡適很少成系統的思想理論著作，但通過《戴東原的哲學》，胡適不但闡明了自己的智識主義道德觀和人生觀，還試圖整理出一個中國智識主義哲學的傳統。通過胡適的詮釋，戴震哲學成了胡適智識主義思想的淵源、寄託和發揮。發揚戴學，就是要「努力改造一種科學的致知窮理的中國哲學」，在思想上推動中國的「文藝復興」。

---

❻❽ 同上，頁140。
❻❾ 參考拙著，〈戴東原哲學與胡適的智識主義〉，見註12。

第二章　胡適與中國自由傳統

第一節　胡適的自由觀

作爲中國近代自由主義運動歷史性的代表人物，胡適在自由之理念上卻未作過系統性或理論性的學理闡述，有時候，他甚至會把已夠複雜的定義問題變得更讓人無從捉摸。例如，在具有正名性的〈自由主義是什麼〉這篇文章中，胡適開宗明義對自由主義所下的定義竟然是：

> 自由主義的最淺顯的意思是強調尊重自由……自由主義是人類歷史上那個提倡自由、崇拜自由、爭取自由、充實並推廣自由的大運動……在這個大運動裏，凡是愛自由的，凡是承認自由是個人發展與社會進步的基本條件的，凡是承認自由難得而易失故必須隨時勤謹護視培養的，都是自由主義者。❶

相對於嚴復和梁啓超在鼓吹自由主義基本概念上所作的努力，胡適在實現自由人格方面的興趣顯然遠超過輸入學理，對他來說，

---

❶ 胡適，〈自由主義是什麼〉，見氏著，《我們必須選擇我們的方向》（香港：自由中國社，1957），頁25。

自由主義之所以可貴，並不在於它是一種完美的形上學架構，而在於它是一種普通的、人人可以享受到的生活習慣。立足於自由主義的民主憲政，也不是「懸在人民生活以外的一個空鵠的，只是個活的生活過程。」❷所以他才會認為，自由主義不需要在種種已有的「人人都可以說他的說法是真的」說法上，再添加一種「說法」，要提倡自由主義，首先必須「愛」自由，不會為其他目的犧牲自由本身，如他在上述同一篇文章中所說的：「自由主義裏沒有自由，那就好像長坂坡裏沒有趙子龍，空城計裏沒有諸葛亮」。自由本身要受到崇拜，要去爭取、充實、推廣，要有實際的行動，在行動中再根據實際問題取得共同的社會智慧，形成共同的民主生活經驗。凡是與自由本身有衝突的、會導致集體主義後果的「自由主義」理念，如開明專制或新式獨裁等，雖然在理論層次上都以追求「全體的自由」為號召，好像是一種更高級的自由，放到行動層面時，卻都是沒有趙子龍的長坂坡，沒有諸葛亮的空城計，是唱不出名堂來的。因此，胡適沒有像嚴復那樣翻譯穆勒的《群己權界論》（*On Liberty*），也沒有像梁啓超那樣寫《飲冰室自由書》和〈盧梭學案〉，他在闡揚自由主義理念上唯一的長篇理論性著作，是介紹本身並無理論可言卻有強烈藝術感染力的〈易卜生主義〉，他重行動而不重純粹理論的類似顏李學派的學術特色，於此表露無遺。

胡適是「實驗主義的信徒」，重視實際效果自是符合其學術理念的事。這種實踐性格，使其學術缺乏眩目的玄思色彩，卻也防止

---

❷ 胡適，〈再談談憲政〉，《獨立評論》236號（1937：5：30）收入歐陽哲生編，《胡適文集》（北京：北京大學出版社，1998）第11冊，頁765。

他走入混淆自由與極權的烏托邦。1930年代自由主義內部嚴重分化，蔣廷黻、錢端升、羅隆基，甚至連胡適的長期戰友丁文江都轉向擁護新式獨裁以求更有效實現「全體自由」時，胡適仍堅持主張「幼稚園政治」的憲政，呼籲：「我們此時應該從一種易知易行的代議制下手，不必高談一些不易實行的直接民治的理想」。❸正是這種平實無華的作風，使胡適能在狂飆的三十年代堅執自由民主大纛，如西方的胡適研究者賈祖麟教授所說，「取得了一位自由主義思想代言人的最高成就」。❹

　　不高談理論並不代表對自由主義沒有中心理念。從留美時期開始，胡適對自由這個概念就有了自己的思考方式與獨立看法。隨著歷史腳步的轉移，胡適在某些看法上有一定的轉變，但在其自由主義最核心處，則始終有一種不變的信仰——追求人格自由。他說：「自治的社會，共和的國家，只是要個人有自由選擇之權，還要個人對於自己所行所為都負責任。若不如此，決不能造出自己獨立的人格」

---

❸　胡適，〈我們能行的憲政與憲法〉，原載天津《大公報》星期論文，1937：7：4。又載《獨立評論》242號（1937：7：11）。見《胡適文集》11，頁771。

❹　Jerome B. Grieder（賈祖麟），*Hu Shih and The Chinese Renaissance*（Cambridge: Harvard University Press, 1970），Chapter 8。與賈祖麟教授評價相反的，有林毓生教授、劉述先教授等，都認為胡適對自由主義只有粗淺的瞭解，在行動上更有過背棄自由主義運動的紀錄。可參見Lin Yü-sheng, *The Crisis of Chinese Consciousness*（Madison: University of Wisconsin Press, 1979）；劉述先，《當代中國哲學論人物篇》（紐澤西：八方文化，1996）等書。筆者要指出的是，胡適在學風上認同顏李學派的實踐性格（但不反智），對理論缺乏興趣。與梁啟超一樣，其學術深度表現在對個別具體問題之探索上，而不在整體理論建設，但綜合其個別問題之研究時，則又確實具有整體觀點。

❺獨立人格是中心目的，自治與共和等社會政治制度，「只是要」讓每個個人都有自由選擇之權，也就是能夠自我負責。要達成此目標，首先須促成個人能力解放與獨立思想，其他政治、經濟制度等方面的設計，主要都是爲了配合人格自由之要求而來的。胡適晚年依然是從人格自由的角度瞭解自由主義，他將儒家的孔孟和道家的莊子、楊朱都看成是人格自由的主張者，稱之爲「自由主義的教育哲學」，由這種教育哲學「產生了健全的個人主義」：「要有一種人格的尊嚴，要自己感覺到自己有一種使命，不能隨便忽略他自己。」❻

　　美國狄百瑞教授在其著名的研究中已提出，中國自由傳統的獨特內涵應爲其長期形成的人格主義（personalism），從先秦儒學到宋代新儒學（Neo-Confusonism）再到黃宗羲、王夫之，所強調的都是如何養成一種自主自得、不受外力纏縛牽制的自由人格這個中心問題。❼狄百瑞所未言及的是，即在廣受西方自由思想衝擊之後，傳統的人格自由觀念，仍然深深影響著知識分子的參考架構與價值選擇。嚴復（1854-1921）以提倡進化論與自由主義而啓一代新運，胡適後來在其英文之回憶文章"What I Believe"中提到當年所受影響時，卻以嚴譯《自由論》（《群己權界論》）置於《天演論》之

---

❺　胡適，〈易卜生主義〉，《胡適文存》一集卷四，見《胡適作品集》（臺北：遠流出版公司，1988，三版，以下簡稱《作品集》），第6冊，頁26。

❻　胡適，〈中國古代政治思想史的一個看法〉，《自由中國》10卷7期（1954：4：1：），《作品集》24，頁138。

❼　William Theodore DeBary（狄百瑞），" Individualism and Humanitarianism in Late Ming Thought ", in DeBary, ed., *Self and Society in Ming Thought* (New York: Columbia University Press, 1970), pp.145-248。又參閱：狄百瑞著，李弘祺譯，《中國的自由傳統》（香港：香港中文大學出版社，1983）。

前，嚴氏提倡自由主義之歷史地位晰然可見。❽然而嚴復在闡釋穆勒（John Stuart Mill,1806-1873）自由主義時，卻巧妙地融入儒家傳統成己成物的絜矩之道，化法權下的消極自由為兼攝人格自由在內的積極自由。❾梁啓超（1873-1929）以其常帶感情的筆鋒要人爭取自由權利，胡適說「梁先生的文章，明白曉暢之中，帶著濃摯的熱情，使讀的人不能不跟著他走，不能不跟著他想」。❿但與嚴復一樣，梁啓超在提倡權利思想的同時，也極力標櫫人格自由的重要，說：「國之所以有自主之權者，由於人民有自主權；人民所以有自主權者，由於其有自主之志行。」⓫對梁啓超而言，「獨立自尊」為「德育最大綱領」，⓬故人格自由，固宜居一切公德私德之首。

章炳麟（太炎，1867-1936）早在辛亥前即提倡諸子學，以打破儒學一尊鼓吹思想自由。他後來「轉眞還俗」回歸儒家，而嚮往自由之志則未曾稍減，晚年借莊子〈逍遙游〉闡明其自由觀說：

> 無待，今所謂絕對，唯絕對不得眞自由。故逍遙云者，非今

❽ Hu Shih, " What I Believe, " in *Living Philosophies* (New York: Simon and Sichuster, 1931)，第5節。此文同年由向眞譯為中文，收入《中國四大思想家的信仰之自述》（上海：良友圖書公司，《一角叢書》第一種），另有明耀五譯本，收入《時人自述與人物評傳》（不著出版處與年月）。

❾ 筆者已有專文討論這個問題，見〈嚴復自由觀的三個層次〉，收入劉桂生等編，《嚴復思想新論》（北京：清華大學出版社，1999）。

❿ 胡適，《四十自述》，《作品集》1，頁55。

⓫ 梁啓超，《自由書・自助論》，《飲冰室合集・專集二》（北京：中華書局，1996），頁16。

⓬ 梁啓超，《新民說・論自尊》，前揭書專集四，頁68。

> 通稱之自由也。如云法律之內有自由，固不為真自由；即無
> 政府，亦未為真自由。在外有種種動物為人害者，在內又有
> 飲食男女之欲、喜怒哀樂之情，時時困其身心，亦不得自由。
> 必也一切都空，才得真自由。故後文有外天下外物之論，此
> 乃自由之極致也。**⓭**

章炳麟以解除一切內在情欲束縛，達致絕對真空為真自由，所嚮往
的是超越的人格自由。嚴復、梁啓超不像章炳麟那樣強調超越性，
但在其人格自由主張的形上層，也一樣浮蕩著一種淨化內在情欲的
「真自由」觀。嚴復不承認有天賦自由，他說：「自由之樂，惟自
治力大者為能享之。而氣稟嗜欲之中，所以纏縛驅迫者，方至眾也。」
⓮因此之故，欲享有真自由，首須擺脫氣稟中纏縛驅迫之嗜欲，養
成個人能對自己負責之自治力，亦即先須養成人格之自由。梁啓超
崇拜盧梭（Jean Jacques Rousseau, 1712-1778）的天賦自由說，並將之
與康有為的學說結合，視自由為人天生之元氣，**⓯**雖然如此，梁氏
也不忘提醒我們，不要過份受到內在熱情驅使：「人莫患為他人之
奴隸，尤莫患為自己之奴隸，為人奴隸猶可解脫，為己奴隸，則永
無解脫之時。」**⓰**一個有淨化的自由意志的人，才能做人格自主的
人，憑孟子所謂的良知良能判斷是非、選擇應有的行為。梁氏說：

⓭ 章太炎，《國學略說》（香港：寰球文化服務社影印章氏叢書本），〈諸
子略說〉，頁169。

⓮ 嚴復，《群己權界論·譯凡例》（上海：商務印書館嚴譯叢書，1933）。

⓯ 梁啓超，〈國民十大元氣論〉，《飲冰室合集·文集三》，頁61。

⓰ 梁啓超，《自由書·說悔》，前揭書專集二，頁79。

> 我既爲我而生，爲我而存，以我之良知別擇事理，以我之良
> 能決定行爲，義不應受非我者宰制，蒙非我者之誘惑。若是
> 者謂之自由意志，謂之獨立精神。**⑰**

胡適人格自由的主張，較諸嚴、梁二氏，自然又少了更多形上學的色彩。抱持著一份對「科學時代」的執著，胡適拒絕任何玄思式的「性解」或「理解」，只承認「智解」，並且相信「智識」（intelligence）最後可以解決人類世界中所有的問題。在這樣一種智識主義的前提下，胡適很自然並且自覺地繼承了清儒重行爲而不重動機的道德觀，在形形色色的道德人格學說中，他贊同以顏炎武（1613-1682）的「行己有恥」和李顒（1627-1705）的「悔過自新」爲當前「唯一的出路」，**⑱**是其明證。

　　道德只是後天養成的習慣，人格當然也是一種養成品。但習慣不應盲目地養成，作爲一個有思考能力的人，他可以通過經驗與智慧形成正確的觀念，指示每一行爲所能發生的效果，再根據預期效果定出合理的行爲規範。因此，一種爲人接受的觀念，應該是一種經個人與社會智慧分析後覺得「有道理」的觀念，這樣生出的觀念，就能保障生出「有道理」的習慣。胡適在解釋實驗主義大家皮耳士（Charles Sanders Peirce, 1839-1914）的學說時這樣告訴我們：

> 一切觀念的意義，即是那觀念所指示我們應該養成的習慣。

---

⑰　梁啓超，〈菲斯的人生天職論述評〉，前揭書文集32，頁75。
⑱　胡適，〈行己有恥與悔過自新序〉，見耿雲志編，《胡適遺稿及秘藏書信》（安徽：黃山書社，1994），第12冊。

「悶空氣有害衛生」一個觀念的意義，在於他能使我們養成
常常開窗換新鮮空氣的習慣。「運動有益身體」一個觀念的
意義，在於他能使我們養成時常作健身運動的習慣。科學的
目的只是給我們許多有道理的行爲方法，使我們信仰這種方
法生出有道理的習慣，這是科學家的知行合一說。❶⑨

實驗主義告訴胡適，「經驗全是一種『應付的行爲』，思想知
識就是應付未來的重要工具」，❷⓪因此，對胡適來說，人格的核心
價值不在形上學的眞空、逍遙、淨化、至善。他反對從莊子到章炳
麟一路「由自己內心去尋求最高的自由的意義」，說：「我們現在
講的自由，不是那種內心境界；我們現在說的自由，是不受外力拘
束壓迫的權利。」最大的外在壓迫來自宗教、思想與言論統制，所
以自由是「一大串解放的努力」，❷①最大關鍵便在思想自由與獨立
思想，除了保持個人道德原則，即「自由意志」（不是康德所說的
先驗意志）之外，智識與能力的養成，當是自由人人格上的首要品
質，所以他引用易卜生所說的：「須使各人自己充分發展，這是人
類功業頂高的一層，這是我們大家都應該做的事。」❷②又在別處說：
「自立的意義，只是要發展個人的才性，可以不倚賴別人，自己能
獨立生活，自己能替社會作事。」❷③他心目中理想的人格典範，是

---

❶⑨ 胡適，〈五十年來之世界哲學〉，《胡適文存》二集卷二，《作品集》8。

❷⓪ 同上。

❷① 胡適，〈自由主義〉，北平《世界日報》1948：9：5，收入《胡適文集》12，
　　頁806。

❷② 胡適，〈易卜生主義〉，《作品集》6，頁25。

❷③ 胡適，〈美國的婦人〉，《作品集》6，頁30。

「有風骨，有肩膀，挑得起天下國家重擔的人物」，他對張元濟所
著《中華民族的人格》一書所選的代表人物頗有不滿，在一篇因故
未能公開發表的遺稿中，他說：

> 選荊軻不如選張良，選張良又不如選張釋之、汲黯。何以
> 呢？……荊軻是封建時代的「死士」、「刺客」，張良是打
> 倒秦帝國的成功革命家，而張釋之、汲黯是統一帝國建設時
> 代的模範人物。張釋之、汲黯雖然不曾「殺身成仁」，他們
> 都夠得上「富貴不能淫、貧賤不能移、威武不能屈」的風範。
> 中華民族二千多年的統一建國事業所以能有些成就，所以能
> 留下些積極規模，全靠每個時代的張釋之、汲黯做台柱子，
> 這裏面很少轟政、荊軻的貢獻。❷❹

除了張釋之、汲黯之外，胡適主張選作「中華民族榜樣人物」的，
還包括光武帝、諸葛亮、唐太宗、魏徵等，都是兼具風骨與事功、
能夠爲國家留下積極規模的人物。更值得注意的是，在宋代，他不
提二程、朱熹而取范仲淹、王安石；明代有王陽明卻又有張居正；
清代只選了顧炎武、顏元、曾國藩三人。很明顯地，他的標準不專
在內在超越的人格，亦不專在外在事功，而是要求兩者和諧相輔地
呈現，爲政治、社會、科學精神、行爲道德等促進人類現實幸福的
建設作出貢獻，他一再引用易卜生所說「將你自己這塊材料鑄造成
器」，所成的也就是這樣一種器。

---

❷❹　胡適，〈中華民族的人格序〉，見傅安明，〈一篇從未發表過的遺稿〉，
　　《傳記文學》50卷3期（1987：3：1）。

　　儘管鼓吹人世事功與積極建設，胡適卻並不是一位功利主義者。在各種從事現世建設以求「成器」的能力中，胡適最重視、最用力宣揚的是思想能力，認爲那是知識分子最神聖的責任。他在一篇英文長文中說：

> 我從杜威教授處學到了，人生最神聖的責任是要努力思想得好（to think well）。對一種思想的前因後果只作粗略的思考，或不嚴謹的思考；接受現成的、未經分析的概念當作自己的思考前提；讓種種個人因素非意識地影響自己的思考；或者未能將自己的理念通過實際成效加以測試；都是知識上的不負責任。歷史上最大的眞理發現與最大的災難出現，都肇因於此。㉕

思想決定一個人的行爲選擇，有精嚴的、獨立的思想，才有合理的獨立自主的人格。胡適因此要人在生活中事事問一句「爲什麼這樣做」，從反省中逼自己探討生活的意義，過一種有意思的新生活。他回到人禽之分這個老命題但以新方式肯定人的價值，說：

> 生活的爲什麼，就是生活的意思。……人同畜生的分別，就在這個爲什麼上。……畜生的生活只是糊塗，只是胡混，只

㉕　見周質平編，《胡適英文文存》第一冊（臺北：遠流出版社，1995），頁403。此文在書前目錄上題爲 "Essay in *Living Philosophies*"，應即爲1931年紐約 Simon and Sichuster公司出版之 *Living Philosophies* 一書中胡適所發表之 "What I Believe" 一文，當時有向眞與明耀五二種中譯本（見註8），譯文多誤，這裏的引文爲筆者自己所譯。

是不曉得自己爲什麼如此做。一個人做的事應該件件事回得出一個爲什麼。❷⑥

這樣一種智識主義意義上的人格自主，與章炳麟的超越人格不同，與嚴復、梁啓超的內在自由亦有不同，但溯其源流，卻都具有中國人格主義自由傳統的特徵，只是嚴、梁等重視人格之超越、淨化，胡適則以能力發展爲中心關懷，而對法權層次的消極自由諸有關問題，如自由與政治、法律、經濟制度之關係等，則均未見有深刻的系統化理論化的討論。❷⑦胡適固然也曾經注意到，中國自由傳統中缺少了政治自由的保障，認爲這完全是「西方的自由主義絕大貢獻」而中國必須努力學習的，❷⑧但終胡氏一生，除了早年「好政府」主張與中年「無爲」政治這兩種充滿主觀想像卻完全沒有實踐邏輯的論說外，對政治自由可說是只有悲情式的諫諍而沒有知性的理論建樹。胡適說自己原來是「注意政治的人」，「當我在大學時，政治經濟的功課佔了我三分之一的時間」，❷⑨一個曾經接觸過政治學基本理論的人，在實際表現中爲什麼會顯得如此地疏離理論，顯得更像一個未受過現代理論洗禮但堅持抗爭傳統的士大夫？這裏面的關鍵，便在於胡適自由觀中一直以人格爲主要考慮，早年「易卜生主義」提倡人心的大革命，要人養成獨立人格，後期再解釋所謂「好

---

❷⑥　胡適，〈新生活〉，《作品集》6，頁112。

❷⑦　嚴復曾翻譯《法意》，梁啓超、胡適早年均有留意法理學，見本書第三章第二節的討論，皆非無法制概念的人。

❷⑧　胡適，〈自由主義是什麼〉，同註1，頁26。

❷⑨　胡適，〈我的歧路〉，《胡適文存》二集三卷，《作品集》9，頁64。

政府」的條件時還是說：「第一是要有操守，有道德」。❸人格主義，顯然一直是胡適自由主義裏的核心價值。

第二節　儒家與蘇格拉底傳統

在胡適思想體系中，人格自由佔據著自由主義的核心價值，而個人能力和思想自由，則是人格自由的基本成因。這樣的思考格局，使胡適最終不會完全脫離儒教文化，當然也沒有可能變成所謂的全盤性反傳統主義。但由於他的人格自主主要來源於「成器」與思想獨立，故此，他所擁抱的儒家自由傳統，不能純是舊宋明理學式的內在自由主張，而是沿循明清儒者所走的路，越過宋學，直接回歸兩漢與先秦儒學，強調儒學中的經世現實精神，成就對人類世界有益有用並能自我承擔的人格，用胡適自己的話來說，是「要挑得起人類的擔子，挑得起天下的擔子」的健全的個人主義的人格。❸以這種與清初顧炎武等人看法相似的新理想人格為鵠的，胡適對中國自由傳統便有了不同的整理和闡釋角度，形成他心目中的儒家自由人文意識。

胡適對中國自由傳統作出積極肯定並予系統闡揚，主要是 1940年代以後的事，並主要以英文發表。導致胡適作出這種尋根努力的

---

❸　胡適，〈我們能做什麼〉，《大公報》1947：9：22，收入《胡適文集》12，
　　頁800。

❸　胡適，〈中國古代政治思想史的一個看法〉，《作品集》24，頁147。

直接原因，應該是抗戰與第二次世界大戰發生，中國成爲世界民主陣營中「合法性」的成員，有必要向盟邦證明自己在歷史上的民主自由本質，加強國際宣傳的實效。胡適當時正銜命擔任駐美大使要職，站在爭取友邦支持對日作戰的第一線上，此一尋根任務的迫切性，不言可喻。在 1941 年題爲 "Historical Foundation for a Democratic China"（「一個民主中國的歷史基礎」）的英文演說中，胡適清楚地說明了這個歷史情境：

> 這些日子來，中國已經被承認是站在民主陣營這邊作戰的伙伴和盟友，很自然地，政治學家和比較政府的學生會問出這樣一個問題：「中國的共和或中國的民主是否具有歷史基礎？」
>
> 對這樣的問題曾有過不同的答案。有人說中國壓根兒沒有民主，其他人則想要我們相信中國民主的唯一希望是在中共控制下的延安，只有在中共獲取勝利之後中國才能民主。㉜

胡適於是在文中強調中國在歷史上一直具有民主傳統，爲現代化的民主制度作好了準備。他提出三種民主的歷史基礎：一、徹底平民化的社會結構；二、客觀與公平競爭的考試與文官制度；三、政府自我建立的抗言（"opposition"）與監察制度。

追溯這三種歷史現象的哲學根源，胡適從古代經典中整理出三

㉜ Hu Shih, " Historical Foundations for a Democratic China ", Edmund J. James Lectures on Government, University of Illinois, 1941。見《胡適英文文存》三，頁867。

種主軸性的政治思想。首先，儒家性善說和孔子有教無類的觀念，肯定了人性中的平等與通過教育的無限的可塑性，結果造成了一個幾乎是沒有階級的社會。其次，從孔子批評苛政猛於虎到孟子主張臣子可以視君如寇讎，形成了反抗獨夫暴政的革命傳統與民本理念。第三，儒家經典如《孝經》載孔子之言曰：「昔者天子有爭臣七人，雖無道，不失其天下；諸侯有爭臣五人，雖無道，不失其國」，主張卑下對尊上錯誤行為有批評與反對的神聖責任，這種主張不但變成政治傳統，而且成為一種機制，養成成千上萬犯顏抗爭、不屈不撓的偉大人格。❸❸

　　儘管有關注國際宣傳的現實背景，胡適從傳統中尋找民主或自由基礎的舉動，卻不應被視為純宣傳的、非發自內在真誠的、或缺乏客觀知識考據基礎的。這些，都違反了胡適治學的原則。應該說，在感受到國際宣傳之迫切性的同時，胡適也從他嚴格的學術訓練中確切地發現了，中國傳統中確實具有可以適應現代民主生活的思想、結構和制度基礎。這些本來存在的基礎，因現實環境的刺激，遂從塵封的「國故」中湧出，一一浮現眼前。

　　這個對胡適來說堪稱「巨大」的發現幾時開始？因何而起？1930年代中日關係已到了兵戎相見的階段，中國在日本野心勃勃的侵略下面臨民族存亡關頭。胡適這時一方面為渺茫的和平奔走，希望為中國再爭取十年準備時間；❸❹一面則從事中日兩國文化尤其是現代

---

❸❸　同前，頁867-869。

❸❹　七七事變發生後，中央決定全面抗戰，據胡頌平記載，胡適「這時心裡是很矛盾的，他覺得我們的準備還不夠，戰事一發生，中央十年來準備的軍力將要毀壞，沿海各省的一切也要毀滅了。所以他又主張中央再能忍讓，

化運動的比較，要找出日本成爲軍事強權而中國變法自強一再失敗的問題癥結。從 1933 年在芝加哥大學作 "Types of Cultural Response"（「文化反應的型態」）演講開始，胡適作了一系列相同主題的研究。一開始時，胡適仍如歐美一般東方學的學者一樣，視日本的現代化爲「成功」的而中國則爲「失敗」的。㉟隨著研究的深入，胡適發現日本的「成功」來自其效率，之所以有效率，是因爲日本一直是高度貴族化與中央集權的社會，有一個穩定和具專制力的領導階級，得以令出必行地推動精英階層心目中的現代化目標。相反，中國自秦始皇建立統一帝國以來就沒有了封建貴族，社會缺乏眾望所歸的領導中心，現代化運動幾乎都是民間自發的，所造成的新文化，也是在文化自由接觸之後，自然形成的。因此，中國的現代化運動雖然進行得緩慢、顛簸、甚至對新事物的吸收有點分不清好壞，但整體來看，卻是徹底的、充份的現代化，並且「對現代世界覺得完全舒適」（feeling completely at home in the modern world）。所以，中國看似失敗的地方，正是其成功處；而日本雖然建立了軍事強權，卻擺脫不了封建社會的本質，在軍閥跋扈下，將

再有十年的準備，我們就可以不怕了。」甚至在中央已經宣布全面抗戰決心之後，胡適還準備了書面材料要向蔣中正進言，「爲大戰之前要作一次最大的和平努力。」見胡頌平，《胡適之先生年譜長編初稿》五（臺北：聯經出版公司，1984），頁1611-1612。然一個月後，胡適即在日記中肯定國家在抗戰中的表現，承認「當日未免過慮。」見同書，頁1614-1615。

㉟ Hu Shih, "Types of Cultural Response", the First of a Series of Lectures on the Haskell Foundation, University of Chicago, 1933。後來連同其餘五次演講集結爲 *The Chinese Renaissance* 一書，1934年由芝加哥大學出版社出版。

國家帶入一場毀滅性戰爭，爲全球人類帶來災難。❸

　　胡適進一步認爲，正因爲中國傳統中有這樣一種自由的氛圍
（atmosphere of freedom），於是它能夠發生號稱爲「文藝復興」的
新文化運動，在社會、政治、知識、信仰各方面都達成了比所謂「現
代日本」更爲廣遠的變革。近代梁啓超、蔡元培、吳敬恒、陳獨秀
等以無懼之批判精神對民族產生最大影響力的領袖，都是能以批判
眼光深知國故的人，這決不是一件偶然的事。在中國傳統中，包括
孔子、朱子、佛教、君主在內，都不是神聖得不可懷疑不可批評的，
這樣一個傳統，是日本知識分子所不能夢想的。❸

　　1930 年代，是賈祖麟教授所說胡適「眞正取得了一位自由主義
代言人的最高成就」的時期，❸他在自己與友人合辦的《新月》雜
誌上勇批國民黨逆麟，燃起「人權與約法」的論爭；他創辦並主編
執當時輿論界牛耳的《獨立評論》，堅持維護自由主義與憲政的必
要性。他也參加了宋慶齡、蔡元培等組織的中國民權保障同盟，擔
任北京分會主席，一年後，爲了維護他心目中「法律範圍內的自由」，
與同盟其他要求政府無條件釋放政治犯的成員意見相左，被上海的
同盟總會取消會員資格。

　　在這樣一種堪稱爲內憂外患的格局下，胡適當比過去任何一個

---

❸　Hu Shih, " The Modernization of China and Japan: A Comparative Study in
　　Cultural Conflict and A Consideration of Freedom ", in American Historical
　　Association, ed., *Cultural Approach to History* (New York: Columbia University
　　Press, 1940)。收入《胡適英文文存》二，頁811-821。

❸　同上，頁819。

❸　Jerome B. Grieder, *Hu Shih and the Chinese Renaissance*, Chapter 8.

時期都更感覺到自由傳統的可貴。通過對日本由明治維新逐步走向軍國霸權過程的觀察，胡適乃有機會反省到自身文化中的優點，對傳統與現代化的接榫，也比前更有信心。如果說，在 20 年代胡適對自身文化與西化之間的緊張關係經常心存焦慮，而只能憑藉批判傳統或通過東西文化論爭、科學玄學論爭等形式堅持現代化方向的話，到 30 年代認清中日文化本質之後，胡適對中國傳統文化最終必能徹底現代化之前景乃大為樂觀。雖然他仍堅持「全心全意現代化」的必要性，而且與主張「中國本位文化建設」的人士展開較 20 年代更為激烈的論爭，但對儒家思想及傳統文化中其他核心構成，則已能用一種更客觀更具創意的態度去面對，系統地瞭解其結構特性，再從中透視其合理性及與現代性符合的自由性，希望在此令人樂觀的傳統上「全心全意現代化」，從根本態度上接受我們其實並不陌生的、能夠將科學與技術提昇至空前高度的西化文明，從而發展出一種符合科學時代要求的現代中國文化。❸❾

　　這解釋了胡適思想中一種似乎是矛盾的現象：從 40 年代肯定中國傳統中主流價值的合理性、認「人本主義與理智主義」為「中國根柢」以來，❹⓿胡適並未停止過類似 20 年代東西文化論爭時對東方

---

❸❾　胡適有一段話最能代表他自己這種「中幹再生」文化觀。他說：「悲觀者所哀悼的中國文明的瓦解，正是必要的（對文明的）挖掘與滌蝕，沒有這些，就沒有一個古文明的復興。緩慢地、靜靜地、但毫無疑問地，中國文藝復興已經成為事實。這次重生的結果看來像是西方的樣子，但，扒開表皮，裏面的材料本質上都是中國的基石。只是經過風吹雨打後，出落得更清晰了：人本主義理智主義的中國被新世界科學與民主的文明觸動之後復活了。」見Hu Shih, " Preface " to *The Chinese Renaissance*.

❹⓿　Hu Shih, " The Chinese Tradition and The Future ", Sino-American Conference

文明批判的態度。最具代表性同時又引起煙硝霹靂的一次例子，是
1961 年在「四國科學教育會議」（Four-Nation Science Education
Conference）上的演說。在這篇題爲 "Social Changes and Science"
（「社會變遷與科學」）的演講中胡適再次呼籲國人「必須學習承
認東方文明中所含的精神性實在很少」，而科學與技術「正代表了
一種我們東方文明中不幸尚未發展的眞理想主義與眞的精神。」[41]

繼 "Historical Foundation for a Democratic China" 之後，胡適陸
續發表了多篇文章闡釋中國古典文化中的自由傳統，最後一篇 "The
Chinese Tradition and the Future"（〈中國傳統與未來〉）發表於 1960
年，距胡適逝世僅二年。這些文章的核心理念二十年來並無顯著改
變，對中國自由傳統的肯定，實可視爲胡適後期思想的基礎性理念，
亦係其晚年定論。

胡適認爲，從先秦以來，中國二千多年的歷史中，一直存在著
一個自由主義傳統，它主要表現於三方面，即：一、人文主義
（humanism），二、理智主義（rationalism），三、自由精神（spirit of

---

on Intellectual Cooperation: Reports and Proceeding（Seattle: University of
Washington, Dept. of Publications and Printing, 1962）。收入《胡適英文文存》
三，頁1567-1578。本文爲1960年的演講稿，文中胡適滿懷信心地宣稱：「我
傾向於相信那個被我稱譽爲『人本主義與理智主義的中國』仍然存在於中
國大陸」，這個傳統「沒有被毀壞而且根本不可能被毀壞。」可見從40年
代以來，胡適對他所認知的中國文化傳統之信心沒有再動搖過。

[41] Hu Shih, "Social Changes and Science", A Speech delivered at the Four-Nation
Science Education Conference, Taipei, Nov.6,1961。收入《胡適英文文存》三，
頁1585-1589。徐高阮中譯題爲〈科學發展所需要的社會改革〉，發表於《文
星》9卷2期。

freedom）。中國思想一貫明顯地關注「人的生活、人的行事、及人的社會」，由此充份發展出種種有關人性、道德行為、法律及政治組織的學說，對死後的天國則不屑一顧。這種對人生的執著，使中國與印度、波斯、以色列的古代思想均截然不同，為中國文化的最大特色。中國思想也從來不以超自然的、神秘的事物為推理基礎，從智識主義的孔子到自然主義的老子，所不同的只在重視勤苦學習或重視直覺理解，思想始終是理智主義的，與神秘無緣。人文的興趣加上理智的方法，結果便是自由精神。孔子「飯蔬食，飲水，曲肱而枕之，樂亦在其中矣」，從而產生「內省不疚，夫何憂何懼」的內在自由人格；孟子「君之視臣如土芥，則臣視君如寇讎」，將內在人格精神放在政治社會行為上，形成歷史上可歌可頌的抗言傳統。佛教的宗教性文明曾一度席捲中國，宋明理學又以知性和理性恢復人性化文明，重振自由精神。清儒用科學的考據學方法接續朱熹窮理格物的理智主義精神，要人在真理面前「實事求是，莫作調人」。這種堅持知識自由的精神，讓所有中國的思想家，在新世界新時代中，有回歸故園的熟悉感。❷

　　在實際的政治社會運作上，胡適也認為，「中國古典時代許多哲學理念，在後來二千一百年統一帝國的生活中，都獲得實施，變

---

❷　Hu Shih, " Chinese Thought ", *Asia Magazine*, Vol.42, no.10 （1942：10）。收入《胡適英文文存》二，頁1035-1039。本文有冷觀1943年之中譯，題為〈中國思想史綱要〉。類似內容，尚可見於胡適其他文章如：" The Struggle for Intellectual Freedom in Historic China "（1942）；〈談談中國思想史〉（1947）；〈自由主義〉（1948）；〈中國文化裏的自由傳統〉（1949）；" the Right to Doubt in Ancient Chinese Thought"（1945）等。

成制度化。」這包括：一、漢初奠定了無為而治的帝國組織與行政基礎，建立文人政府，讓百姓享受到統一政府的種種便利，而不必受到過分干涉。以後各朝，多多少少均沿行著此一統治風格。和平與無為的政治，推動了個體自由、地方自治與自我管理，形成一種接近無政府主義的政治個人主義（political individualism）傳統。二、封建制度早已崩解，宗法的長子繼承權也隨之消失。漢帝國鼓勵諸子均分財產的繼承制度，並在以後各朝形成一個傳統，不分貴賤均予奉行。無論多顯貴的家族，在均分三代之後，也就所剩無幾了。二千一百年下來，逐步形成了均富均產和平民化的社會結構。三、二千年來全面實施科舉制度，平民子弟均有機會晉身士紳階層，具體實現了孔子「有教無類」的哲學理念。四、歷朝相沿，不但有御史等言官負責監察，對君主犯顏直諫，相當等級的官員，也一樣有這種諫諍權。事實上，在士大夫當中，諫諍已變成一種帶有宗教性的傳統：最昏庸的國君，對直諫的臣子也往往不敢施予嚴厲處罰，而臣子一旦因直諫而遭受嚴刑重罰，甚至處死，便即被民間尊崇為愛民抗暴的英雄或神明，長受香火奉祀。五、中國學術傳統鼓勵獨立思想與懷疑精神，學者不只可以批評釋道二教，也可以對儒學經典提出合理懷疑。五四以來，思想界領導人物即秉承此一精神，對宗教、君主、聖賢、家族制度、婚姻制度等，無論多神聖的事物全面提出批評，重估其在新世界新時代的存在價值。這種知識上自由批評的精神並非舶來品，是我們自己的固有文明。❹

---

❹　Hu Shih, "China Too is Fighting to Defend A Way of Life", Address delivered to the Radcliffe Club on March 23, 1942 in Washington DC。收入《胡

　　胡適還認爲，中國知識遺產中有個「蘇格拉底傳統」（Socratic tradition）：自由問答，自由討論，獨立思考與懷疑，熱切、冷靜地追求知識。這個傳統可以孔子爲最早的代表，孔子就如蘇格拉底一樣，一直強調自己是一個熱愛知識、熱愛眞理的人，所謂「朝聞道，夕死可矣」。他也鼓勵門弟子獨立思考、懷疑，說：「回也，非助我者也，于吾言無所不說（悅）」，說明他不喜歡學生對他一味順從。這是孔子所樹立的「中國的蘇格拉底傳統」。

　　「蘇格拉底傳統」還包括了對知識的誠實。孔子說：「知之爲知之，不知爲不知，是知也」，是理智和負責的對待知識的態度。他又說：「未知生、焉知死？」「未能事人，焉能事鬼？」要求一個人對於無法眞正懂得的事保持知識上的誠實。這種人文主義理智主義的自由思考，對中國思想起了持久不衰的影響，這也是「中國的蘇格拉底傳統。」照胡適看來，這是自由傳統，也是「科學傳統」。這是因爲胡適的自由人格是以獲得充份知識爲前提的，這個傳統，叫人大膽懷疑小心求證，叫人冷靜嚴格地探索調查，靠證據思想。這個「偉大的科學精神和方法的傳統」，使「中華兒女在近代科學世界中不會感覺陌生，而有賓至如歸之感。」❹

適英文文存》二，頁975-996。本文有張爲麟中譯，題爲〈中國抗戰也是要保衛一種文化方式〉（胡適自題），胡適紀念館出版。類似內容亦可見於胡適其他文章：〈中國文化裏的自由傳統〉（1949）；〈中國古代政治思想史的一個看法〉（1954）；"Authority and Freedom in the Ancient Asian World"（1954）"The Chinese Tradition and the Future"（1960）等。

❹　Hu Shih, " The Scientific Spirit and Method in Chinese Philosophy ", in Charles A. Moore, ed., *The Chinese Mind: Essentials of Chinese Philosophy and Culture* (Honolulu: University of Hawaii Press, 1962)。收入《胡適英文文存》三，

　　以獨立思想與追求真理為主軸，胡適在中國歷史上描繪出一個人文的、理智的、反抗的自由傳統，這個傳統不但存在於哲學理念上，也存在於政治社會等制度結構上。它不是後來狄百瑞教授等研究所著重的，只是一種儒士大夫的精神境界，**⑤**它是全民族的日常生活，是全民族不惜用抗戰形式來捍衛的「生活方式」（A Way of Life），**⑥**如胡適所說的：

> 中國人視懷疑為美德，以批評為權利。我們不願意被一個視所有思想都具有危險性的民族所統治。**⑦**

這樣一種根深蒂固的傳統，當然不會是舶來品，它必然是固有的，如胡適所相信的：

> 自由這個意義，這個理想，自由這個名詞，並不是外面來的，不是洋貨，是中國古代就有的。**⑧**

在這裏，胡適憑藉的不是他一向熱衷的考據，而是一種對文化的直覺式、透視式的整體印象。只要「小心求證」一下，胡適肯定會發現自由這個名詞在唐宋以前並不具有現代意義下自由的涵義，在唐

　　頁1525-1554。本文有徐高阮中譯，題為〈中國哲學裏的科學精神與方法〉，載《新時代》第4卷第8、9期。

⑤　參見註7。

⑥　「生活方式」英文原為 "a way of life"，胡適在張為麟中譯文前則自題作「文化方式」。參見註43。

⑦　參見註43，頁995。

⑧　胡適，〈中國文化裏的自由傳統〉，見胡頌平編，《胡適之先生年譜長編初稿》6，1949：3：27，頁2078。

宋以後晚清以前，它也不曾成爲一個普遍的哲學理念。這點，嚴復在《群己權界論》等著作中早已闡明，**❹**熟悉嚴復著作的胡適不容不知。胡適有意撇開精微的區別不提，直接作根本上的認同，所用的正是被他批評過的梁漱溟式的「直覺運用理智」的方法。**❺**也就是說，胡適對自由主義有著一種理智的信仰，正如他自己在五十八歲時所說：「一生相信自由主義」，**❺**抱定這個信念，胡適在中國文化中重構出一個他用自己的治學方法所能見到的自由傳統，藉以證明中國人對現代科學、民主的文明並不陌生，現代化並非無根的移植，而是老幹新枝、順理成章的持續成長。

胡適並無意誇大自由傳統在現代化使命中的作用，儘管這傳統本身具有合理性也在歷史上貢獻非凡，它還是有其局限性。胡適指出，在中國古代思想裏，自由就等於自然，因爲太看重這個「自」字，所以「往往看輕外面的拘束力量，也許是故意看不起外面的壓迫，故意回向自己內心去求安慰、求自由」，而「我們現在講的自由，不是那種內心境界，我們現在說的自由，是不受外力拘束壓迫的權利，是在某一方面的生活（宗教、思想、言論等）不受外力限制束縛的權利。」**❺**他更進一步說明：

> 東方的自由主義運動始終沒有抓住政治自由的特殊重要性，

---

❹　見同註9。

❺　胡適，〈讀梁漱溟先生的東西文化及其哲學〉，《胡適文存》二集卷二，《作品集》8。

❺　胡適，〈當前中國文化問題〉，1948：9：27演講，見耿雲志編，《胡適遺稿及秘藏書信》12。

❺　胡適，〈自由主義〉，1948：9：4演講，《胡適文集》12，頁805-806。

　　所以始終沒有走上建設民主政治的路子。西方的自由主義的
　　絕大貢獻正在這一點：他們覺悟到只有民主的政治方才能夠
　　保障人民的基本自由。所以自由主義的政治的意義是強調的
　　擁護民主：一個國家的統治權必須操在多數人民的手裏，近
　　代民主政治制度是安格羅撒克遜民族的貢獻居多：代議制度
　　是英國人的貢獻，成文而可以修正的憲法是英美人的創制，
　　無記名投票是澳洲的英國人的發明。這都是政治的自由主義
　　應該包含的意義。❸

如同中國文化中缺少物質建設的價值觀念一樣，中國自由傳統中也
缺少了政治自由的制度性保障。現代化的涵義，即是要在精神境界
中提昇物質建設，在人格獨立上發展民主政制。中國的傳統與中國
的現代化，都同樣奠基在人文精神上，同樣具備科學性合理性，兩
者之間其實有一種歷史延續性關係，是發展的而不是對立的。因此，
現代化的結果並不會消滅傳統，只會創化傳統；傳統亦毋須強調自
己的國粹性與固守性，只要文化自身保持自由接觸自由選擇吸收的
狀態，無論何種形式的現代化，都是文化在不同階段的成長，而不
是消亡。

第三節　自由的社會主義

　　西方消極自由的理念在政治上導出「有限政府」（limited
government）和放任主義，政府只需在公共事務上維持基本秩序，盡

---

❸　胡適，〈自由主義是什麼〉，見氏著《我們必須選擇我們的方向》，頁26。

可能不要干涉人民的經濟活動、道德行爲和個體發展。這種曾經由嚴復譯介到中國的穆勒式自由主義政治理念，❸對胡適固有影響，但並不爲胡適完全贊同。

胡適 1914 年《留學日記》中記述他與一名哈佛學生討論自由的真義時，他批評十八世紀「人生而自由」的說法，同時認爲「放任主義」已經過時，今日的自由觀，已經由「放任主義而趣干涉主義，由個人主義而趣社會主義」。他說：

> 今人所持平等自由之說，已非復十八世紀學者所持之平等自由。向謂「人生而自由」（L'homme est nè libre－Rousseau），果爾，則初生之嬰孩亦自由矣。……今之所謂自由者，一人之自由，以他人之自由爲界，但不侵越此界，則個人得隨所欲爲。然有時並此項自由亦不可得。如飲酒，未爲侵犯他人之自由也，而今人皆知飲酒足以戕身；戕賊之身，對社會爲失才，對子孫爲弱種，故有倡禁酒之說者，不得以自由爲口實也。……天生群動，天生萬民，等差萬千，其強弱相傾相食，天道也。老子曰：「天地不仁」，此之謂耳。人治則不然，以平等爲人類進化之鵠，而合群力以赴之。法律之下貧富無別，人治之力也。余又言今日西方政治學說之趨向，乃由放任主義（laissez faire）而趣干涉主義，由個人主義而趣社會主義。不觀乎取締托辣斯之政策乎？不觀乎取締婚姻之律令乎？（今之所謂傳種改良法〔eugenic law〕，禁顚狂及

---

❸　嚴復翻譯John S. Mill 的 *On Liberty* 一書，書名《群己權界論》，但在翻譯時也對穆勒自由主義作了些具有中國特色的修正。參見註9。

> 有遺傳病者相婚娶，又令婚嫁者須得醫士證明其無惡疾。）
> 不觀乎禁酒之令乎？（此邦行禁酒令之省其多）不觀乎遺產
> 稅乎？蓋西方今日已漸見十八世紀學者所持任天而治（放任
> 主義）之弊，今方力求補救，奈何吾人猶拾人唾餘，而不深
> 思明辨之也？❺❺

胡適認為天道乃強凌弱的不平等狀態，人處在這種激烈的生存壓力下並無自由可言。平等與自由都是人治下的進化，都有一個發展過程。自由固然是必須的，因為「可以增進國人之道德，高尚其人格」，❺❻個人有自由意志，才能發展天才性與個性，才能「擔干係負責任」，成為社會的改革者與創造者，社會國家才有改良進步的希望。❺❼所以說「個人是一切倫理的中心點」❺❽，一個倫理體系，必須尊重個人意志與思想自由，才能保障其有效的真理性。這種對自由的信仰，顯然是胡適一生從未改變過的。然而，正如海耶克（Friedrich A. von Hayek,1899-1992）等西方主要自由主義者所認識的，自由主義所說的自由，無論是英美世界的freedom或liberty，或是歐陸體系的Freiheit，都是一種社會概念，是以人與人之間的社會關係為基礎的，當社會中他人的強制（coercion）被盡可能減少到最小限度時，這種狀態稱為自由，離開了與其他人之間的社會關係，個人根本無所謂

---

❺❺　《胡適留學日記》二，1914：9：9，《作品集》35，頁146。
❺❻　《胡適留學日記》三，1915：10：30，《作品集》36，頁215。
❺❼　參看胡適，〈易卜生主義〉，《作品集》6。
❺❽　胡適，《中國古代哲學史》，《作品集》31，頁250。

自由或不自由。⑤胡適一向強調個人與社會有密不可分的共生關係，他的自由觀，乃無可避免地帶有更多社會色彩。當海耶克將自由一詞放在社會學的概念下，而其目的則在鼓吹個人應不受他人武斷意志的支配，應保有一個他人無法干預的隱私領域時，他是將個人與群體放入社會密室中而觀察其對立面，從而強調個體自由與放任經濟的必要性。胡適當然也承認個體有對抗群體的權利，但對抗關係卻非兩者之間的充份關係。他用「天治」與「人治」之分說明放任政策之不可行，主張用「人治」調節社會關係，補救「任天而治之弊」。

　　當然胡適的理念並未發展到「積極自由」的程度，並未要求政府全面介入。在同一年的日記上，胡適評論美國兩位總統候選人威爾遜和羅斯福有關自由理念的演說，他認為：

> 二氏本月演說之大旨，寥寥二言，實今日言自由政治者之大樞紐，不可不察。威爾遜所持，以為政府之職在於破除自由之阻力，令國民人人皆得自由生活，此威爾遜所謂「新自由」者是也。羅氏則欲以政府為國民之監督，維持左右之，如保赤子。二者之中，吾從威氏。⑥

---

⑤　T. A. V. Hayek, *The Constitution of Liberty* （England: Routledge and Kegan Paul Ltd., 1960,1993），第一章第一節。海耶克在書中也引用L. Von Mises（米塞斯）在*Socialism*（New Haven: Yale University Press, 1951）一書中的話說：「自由是一個社會學概念，用它去說明社會以外的狀態，便毫無意義可言。」（p.19）

⑥　《胡適留學日記》二，1914：7：12，《作品集》35，頁46。

可見胡適雖不贊同任天而治，卻也不主張政府左右監督，如保赤子，其理念實介乎消極自由與積極自由之間，即是他自己所稱的「新自由主義」或「自由的社會主義」。胡適致徐志摩信上說：「簡單說來，近世的歷史指出兩個不同的方法，一是蘇俄今日的方法，由無產階級專政，不容有產階級的存在。一是避免階級鬥爭的方法，採用三百年來社會化的傾向，逐漸擴充享受自由享受幸福的社會。這方法我想叫他做『新自由主義』（new liberalism）或『自由的社會主義』（liberal socialism）」。**❻❶**這樣一種理念落實到政治上，就形成「工具主義」政治哲學（The political philosophy of instrumentalism）。

　　「工具主義」政治思想源於杜威，胡適曾有專文介紹。**❻❷**在 20 年代的中國，針對當時歷史情境合以胡適個人思境，則形成了胡適第一個政治理念──「好政府主義」。

　　「好政府主義」是胡適 1921 年 8 月在安慶演講時醞釀形成的，後來又在《努力週報》上與蔡元培等十六人聯合署名提出。**❻❸**據胡適解釋，這是「一種有政府主義，是反對無政府的」。在「有政府」的前提下，胡氏容許的則是一種「工具主義」的政府形態：

　　　工具不良，修好他。修不好時，另換一件。政府不良，監督

---

❻❶　胡適，〈歐遊道中寄書〉，《胡適文存》三集卷一，《作品集》11，頁64。

❻❷　見Hu Shih. " The Political Philosophy of Instrumentalism," 及" Instrumentalism as a Political Concept"等文，均見《胡適英文文存》。

❻❸　胡適等，〈我們的政治主張〉，《作品集》9，頁21-60。該文由胡適執筆，署名者除胡適外，尚有：蔡元培、王寵惠、羅文幹、湯爾和、陶知行、王伯秋、梁漱溟、李大釗、陶孟和、朱經農、張慰慈、高一涵、徐寶璜、王徵、丁文江。

他、修正他；他不受監督，不受修正時，換掉他。一部分不良，去了這部分；全部不良，拆開了，打倒了，重新改造一個！一切暗殺、反抗、革命，都根據於此。**❻❹**

政府或此意義上的國家，只是一種工具，並非黑格爾所說的主體絕對精神之客觀化，既沒有任何神聖性，當然更缺乏「維持左右、如保赤子」的全能能力。**❻❺**但政府亦非有害無利的，作爲一種工具，政府是謀人類自身幸福不能或缺的組織，它有個人在散漫無組織狀態下所欠缺的效率，又能在法律設計下主持公義，保障個人都有機會開拓新境、超越自我，充份地發展個人能力與個體性。在此前提下，政府自不能停留於「有限」狀態，滿足於任天而治的放任政治，而須要扮演好一個領導重心的角色，秉持憲政與公開原則，有計畫地裁兵、裁官、統籌財政，消弭社會間無謂的衝突，發生最大效果，促社會全體之進步。

　　表面上看來，「好政府主義」似卑之無甚高論，學界亦易以其缺乏理論深度而輕輕放過。事實上，宣揚「好政府主義」的〈好政府主義〉與〈我們的政治主張〉二文，玄機暗藏，立論嚴守分際，企圖在「大政府」與「有限政府」兩個極端間獨闢草萊，自創新局，其理論價值在政治學上或許不值一哂，因爲胡適根本未打算建立學

---

❻❹　《胡適的日記》（香港：中華書局香港分局，1985），1921：8：5。

❻❺　胡適〈好政府主義〉一文說：「以政府是天生的、神意的……如德國混國家與政府而一之，不承認個人之自由，把天然之需要，說得神秘莫測似的，這是一種極端的學說。」顯爲對黑格爾一系學說的批評。該文原爲胡適在安慶中國大學的演說，發表於1921年11月17-18日《晨報副鐫》，收入《胡適文集》12，頁714-719。

理性的理論，但從歷史現實的角度來看，這代表了胡適在自由主義政治觀上企圖突破現有成說的努力，裏面有著對消極與積極兩種自由主義理念的選擇取捨，兼顧著西力衝擊與本土創化，值得學界作同情理解。

胡適開宗明義解釋「好政府」的涵義時，即下了兩條看來自相衝突的界定：

1. 充份運用政治的機關為社會全體謀充份的福利。
2. 充份容納個人的自由，愛護個性的發展。**❻❻**

第一條界定顯然有「如保赤子」的意味，與「消極自由」的政治理念不符。第二條則重申個人與個性發展的重要性，顯示並未因主張謀全體福利而走向集體主義。在個性發展上用「容納」、「愛護」等動詞，看來將個人自由放到了被動面，顯示胡適承認，儘管國家的主體在個人，但在實際政治運作上，政府方為領導重心，因為「政治是有組織的公共的權力」，是「指揮大眾的公共機關，可使社會上的人減少惰力，而增加社會全體進步底速率。」所以胡適為「好政府」所下的另一個定義是：「政府完全是謀公共利益及幸福底一種工具，故凡能應公共的需要，謀公共的利益，做到公共的目的，就是好政府。」**❻❼**

「好人政府」因為胡適朋友王寵惠拜命組閣而吸引了各方期望，又因為直系軍閥吳佩孚撤回支持而中道夭殂，由 1922 年 9 月到 11

---

❻❻ 同註63，頁21-22。

❻❼ 同註65，頁718。

月，歷時僅得二月，可謂徹底失敗。但這種失敗乃源於歷史情境，
與理念殊不相關。就理念而言，胡適的「好政府主義」重點不在提
出一套理論或治國方策，事實上，那裏面根本未提出任何理論或具
體策略，只標舉了「憲政」、「公開」、「有計畫」等幾項原則，
然後著重呼籲「社會上的優秀分子……出來和惡勢力奮鬥」，造成
「決戰的輿論」，作為改革政治的下手處。整個「好政府主義」的
重點，顯然放在要有政府和要好人出來做事這兩個前提上，政府是
有公共目的的工具，所以它必須是「憲政」的、「公開」的，為了
謀最大的公共利益和幸福，它也須是「有計畫的」；但「憲政」、
「公開」、「計畫」最終雖然得立足於制度化、非人格的法律規範，
以建立形式理性的法治秩序，而當一個新秩序在草萊初闢氤氳氲化
時，它卻先要依賴好人定針方向、擘劃典謨，造成主流價值觀或「決
戰的輿論」，所以在任何廣義的「開國」時期，好人的主觀努力皆
不可少，在缺乏成形的民間社會（civil society）力量的中國，尤其
如此。

　　在中國哲學崇有與貴無此一傳統核心命題的長期爭論中，如果
章炳麟呈現了近代貴無哲學的新境，胡適便是崇有派無可爭議的代
言人，為崇有思想注入近代科學生命。章炳麟標舉無政府主義，謂
「有君為不得已，故其極至於無王」，⑱胡適則針對無政府而提出
有政府，強調政府具有工具效益，應該善用其組織與公共權力，「增
加社會全體進步的速率」。面對 1920 年代北洋政府目無法紀及地方

---

⑱　章太炎，《齊物論釋》，〈釋齊物論篇題〉。

軍閥割據分裂的政局，胡適顯然還不認為中國可以制定憲法，❻他當時能夠看到的政治出路是「聯省自治」，❼方法則是由各省推舉全權代表舉行「各省會議」，商定「國憲制定後統一事宜」和「省自治的進行計畫」。為了補救這種共治模式的鬆散性，胡適在這個階段也就特別強調「計畫」的重要性。說：「我們不幹政治則已，要幹政治，必須有計畫，依計畫做去，這是方法，其餘皆枝葉耳。」根據這個原則，胡適認為「英國不足學」，因為英國一切敷衍，苟且過日子，「從沒有一件先見的計畫」；中國「應當學德國，至少應該學日本，至少我們要想法子養成一點整齊嚴肅的氣象。」❼「計畫」本質上容易傾向社會主義，而胡適自由主義中本含有濃厚的為社會全體謀福利的積極觀念，所以對胡適而言，社會主義與自由主義並不衝突，不只不衝突，還是一種補足的結構。

　　胡適早年並不反對共產制度，他在實行共產制度和赤化之間加以區分，認為只有迷信「狄克推多」才會是赤化，只要「不妄想天

---

❻　見胡適，〈這個國會配制憲嗎？〉、〈賄買國會的問題〉等文，分載《努力周報》41·（1923：2：11）、39號（1923：1：28）。〈我們還主張召集各省會議〉則說：「憲法是將來的政治工具，此時決不能單靠憲法來統一的」，載22號（1922：11：12）。

❼　見胡適，〈聯省自治與軍閥割據〉，《胡適文存》二集三卷，《作品集》9。對「聯省自治」問題的精采而扼要綜合論述，見 Jean Chesneaux, " Le Mouvement Federaliste en China, 1920-1923", *Revue Historiaue* 236（1966：9-10），pp.347-384.

❼　胡適，〈歐遊道中寄書〉，《胡適文存》三集卷一，《作品集》11，頁64、60。

生狄克推多來救國」,「共產制度實在不成什麼真問題。」⓻他推
許蘇聯「大規模烏托邦計畫」的試驗,以為「依此趨勢認真做去,
將來可以由狄克推多過渡到社會主義的民治制度」。⓽一直到 1940
年代末,胡適對蘇聯的幻想雖已破滅,⓾對獨裁政權尤深惡痛絕,⓻
唯獨對社會主義式的經濟卻迄未忘情,他改用「社會化的經濟制度」
這一新名詞,將之與「科學的成果」和「民主自由的政治制度」並
列,認為這三者是「民主政治的意義」,也是「眼前世界文化的趨
勢」。他說:

> 這幾個理想的目標是世界上許多聖人提倡的、鼓吹的、幾個
> 改造世界的大方向。經過了幾百年的努力,幾百年的宣傳,
> 現在差不多成了文明國家共同努力的目標了。到現在是有那
> 些世界文化共同的理想目標呢?總括起來共有三個:
> 第一、用科學的成績解除人類的痛苦,增進人生的幸福。
> 第二、用社會化的經濟制度來提高人類的生活,提高人類的
> 生活程度。

⓻ 同上,頁66。

⓽ 同上,頁56。

⓾ 胡適1948年1月21日致周鯁生信中說:「老兄知道我向來對蘇俄是懷著很大
的熱望的……我不能不承認這一大堆冷酷的事實,不能不拋棄我二十多年
對新俄的夢想,不能不說蘇俄已變成了一個很可怕的侵略勢力。」見中國
社會科學院編《胡適來往書信選》下冊(北京:中華書局,1979),頁319-
320。

⓻ 見胡適," The Conflict of Ideologies "(《英文文存》二),〈民主與極權
的衝突〉(《自由中國》創刊號)等文。

第三、用民主的政治制度來解放人類思想，發展人類的才能，
造成自由的獨立的人格。❼

胡適強調，社會化的經濟制度是「要顧到社會大多數人民的利益的
經濟制度」，顧到社會大多數的方法，不是消極地放任競爭，而是
「一方面並不廢除私有財產和自由企業，一方面節制資本」，以均
富的方式供給全國用度，縮短貧富距離。❼早在 20 年代，胡適便已
提出「新自由主義」或「自由的社會主義」概念，鼓吹避免階級鬥
爭的「社會化」政治經濟發展方向。❼廿多年後，胡適此一觀點並
未改變，他現在堅持：「從歷史上看來，社會主義的運動只是民主
運動的一部分，只是民主運動的一個當然而且必然的趨勢。」❼值
得注意的是，胡適雖然讚揚「社會化」，他的真正意圖卻是將社會
主義經濟的精神化約成一種為自由民主之主體架構服務的理念，是
社會主義化於自由民主，而非自由民主社會「化」。所以他提倡的
「社會化經濟」，焦點乃同於格林（T. H. Green）所謂「自由主義立
法」（liberal legislation），❽旨在通過平和的立法手段，推動保護
勞工組織、規定最低工資、限制工時、救濟失業等「社會化經濟政

---

❼ 胡適，〈眼前世界文化的趨向〉，收入《我們必須選擇我們的方向》，頁7-8。
　同樣的話胡適又在〈我們必須選擇我們的方向〉一文中加以複述。見同書，
　頁13。

❼ 同上。

❼ 同註61，頁64。

❼ 〈我們必須選擇我們的方向〉，載《我們必須選擇我們的方向》，頁15。

❽ T. H. Green, *Lectures on The Principles of Political Obligation*, in *Complete
　Works*, Vol.II（London, 1889; rev. ed., 1941）。

策」，即類似英國工黨政府，及美國羅斯福總統「新政」的作法，
有悲天憫人的人道主義精神，卻並不具革命性。美國的賈祖麟教授
以為胡適「有計畫政治」主張中表現出「一種潛在的反民主傾向」，
這說法似乎過於嚴重，未瞭解胡適這種源於儒家均平傳統的「溫和
型社會化」經濟理念的本質。

第四節　無為與精英政治

　　胡適沒有像海耶克那樣，從知識論的角度認識中央計畫的困難
性，[81]依照胡適實驗主義真理觀與反對「根本改革」的態度，他在
知識論上應該能同意海耶克的無知論，即「沒有任何人能夠知道所
有的人類目標」。[82]個人只能依個別意志充分發揮一己所掌握的最
多知識，並決定其知識用於何種正當目的，而非服從於一已知的統
一的最高社會目的。在這樣一種知識論的背景下，胡適絕不可能接
受一種完全中央統制的政治經濟體系，亦即絕不可能接受任何有「潛
在的反民主傾向」的集權制度。並不是胡適在意識形態上先存了個
反共的立場，而是他從統計數字上知道，蘇俄自從實行五年計畫以
來，需用一百五十萬名專家，而且，「專制訓政是人世最複雜繁難

---

[81]　海耶克深化了奧地利經濟學派重鎮米塞斯（Ludwig von Mises,1881-1937）
　　　的論點，論證中央計畫在知識論上面臨的困境。這類計劃根本作不到周密
　　　的計算，也非已知的最有效的資源分配手段。相反，市場除了具有經濟功
　　　能之外，也最有效地運用了人類最寶貴的資源——知識。見霍伊（C. M. Hoy）
　　　著，劉鋒譯，《自由主義政治哲學》（北京：三聯書店，1992），第4章。
[82]　同前書，頁134。

的事業」，「俄國共產黨的成功不是一朝一夕的偶然事件，是百餘年中整個歐洲文明教育訓練出來的。」中國這樣一個「知識太低、經濟又太幼稚的民族」，其「意態和物質狀況，都不容許意、俄政制的產生。」❸

反專制的思考，使胡適在 1930 年代回歸中國傳統的無為政治主張，他引用道家「與時推移，應物變化」的理念，說明在人才和經濟能力等條件都未完備之先，「決不能做出什麼有為的政治」；他又引用史賓塞（Herbert Spencer, 1820-1903）的說法，希望「把政治的權力縮小到警察權」，「只是維持人民的治安，別的積極的事業都可以不管。人民只要有了治安，自然會去發展種種積極的事業。」❹單看史賓塞的話，似乎胡適主張的不是無為而是放任，與胡氏素所懷抱的「自由的社會主義」理念不合。究其實，胡適上述主張的核心仍然是無為，他有一條附記說：「蔣廷黻先生主張承認克復的共黨區域內的田地分配，這也是我所謂無為政策之一種」，❺共黨在「解放區」內實施了土改，用政治統制權重新分配田地，這當然不是西方主張放任政策的自由主義者所能承受的社會重壓，而胡適卻和當時倡說新式獨裁的代表蔣廷黻一樣主張承認此一既成事實，並將承認的行為稱為「無為」。然則無為也者，依胡適的闡釋，就是「讓人民去發展種種積極的事業」之意，至於人民能夠積極有為

---

❸ 胡適反對中央統制或專制獨裁的言論，見氏著〈建國問題引論〉、〈建國與專制〉、〈再論建國與專制〉、〈中國無獨裁的必要與可能〉等文，均載《胡適時論集》（《胡適文集》11）。

❹ 胡適，〈從農村救濟談到無為政治〉，《胡適時論集》，頁330。

❺ 同上，頁333。

之前的先決環境，則並不一定是自由放任經濟，也可以是已成事實即已爲地區人民多數接受的土改。所以胡適的無爲政治，也並不是一種跟他早年提倡的「有政府主義」截然相反的系統政治思想，而是兩者的混成，即上層統治仍應有一個工具性的政府，這個政府要維持一個可以讓百姓生存的好環境，包括就地承認土改的成果等，然後百姓就能在這個「無爲」的基礎上「去發展種種積極的事業」。

這裏不免讓人發生疑問：如果中國是一個統一國家，則在全國範圍內，一個「無爲」的中央政府，其經濟政策應爲自由經濟或普遍實施土地改革平均地權？或一國二制？胡適的立場到底站在那裏？

事實上，胡適的政治立場相當一貫，從 1920 年代忍不住出來「談政治」開始，他都主張要有一個全國性的強有力的領導重心。「好人政府」倡議於舉國沸騰要推翻北洋政府政權之世，正是胡適這種建立領導重心期望的最好說明。「聯省自治」是軍閥割據時代適應現狀的出路探索，由於政府主體成了個鬆散的結構，胡適便積極鼓吹「計劃」，作爲架構領導重心的補充手段。無爲政府看來是不須強調領導重心的了，胡適卻要求政府爲達成無爲的目的而積極裁軍、裁官，說：「這種種消極的政策也就是今日最需要的積極政策。裁官、裁兵，那一項不需要積極的去做？」❽以 30 年代的中國而言，「剿共」是最「有爲」的政策，裁兵則是「無爲」。但若政府當時能與時推移，能順應「全國人人心裏所渴望的」，以「裁兵號召全國」，❽以裁兵及其相關政策爲優先於武力剿共及其相關政策的政

---

❽　胡適，〈再論無爲的政治〉，《胡適時論集》，頁410。

❽　同上。

策，此一無爲式的思考，將使政府更具成爲全國領導重心的資格，共黨問題可能就不必專門依賴武力進勦去解決了。

政權在胡適心目中既然必須是一個有能力有效率的領導重心，其相關的政經社會政策自然是帶有相當程度之公權力介入性質的。1934 年即在倡議「無爲」政治的同一個時期，胡適在討論制憲問題時，即指出：

> 中山先生的建國大綱的文字上的程序是由下而上漸進的，但他的精神是要政府「訓導人民之政治知識能力」，也還是由一個有知識能力的中央政府出發到各地方的。我們在今日不可拘泥他的文字，應該活用他那一貫的精神。⑱

早在留學時期，胡適的自由主義就是帶有政府相當介入性質的，與西方主張放任政策的消極自由不同。政府作爲一個領導重心，必須有知識有能力定出國家發展的計畫，求全民最大幸福。在政府未有能力制定計畫之前，則不妨先實施無爲政治：裁兵、裁官、減去苛捐雜稅等，與民休息。一旦條件成熟了，無爲便可以變成有爲。他在抗戰前夕寫信給翁文灝，承認現在國家「人才稍多，計劃稍周詳」，他的無爲政治思想因此轉爲支持國內建設，⑲即是這樣一種背景。

但胡適的無爲政治理念又不只是可以有爲之前的一個過渡性階

---

⑱　胡適，〈論憲法初稿〉，《胡適時論集》，頁435。

⑲　胡適1937年5月17日致信翁文灝說：「前幾年，我曾發表建設與無爲的議論，反對初期的盲目建設，認爲病民擾民不如與民休息。直到去年在國外作文始明白的贊揚國內建設的進步，我的轉變也正是因爲最近二三年中，人才稍多，計劃稍周詳。」見《胡適之先生年譜長編初稿》五，頁1586。

段，它更深刻更長期地影響著胡氏終身的思想價值體系。晚年分析中國政治思想的特質時，胡適仍將無為而治這個觀念視為幾千年來政治安定的一個主要條件。他在 1954 年的一次演講中說：

> 秦始皇的帝國只有十五年，漢朝的帝國有四百二十年。為什麼那個帝國站不住而這個帝國能安定呢？最大的原因，就是漢朝的開國領袖能運用幾百年以前老子的無為的政治哲學。……漢朝的四百二十年，可說是規定了以後二千多年政治的規模，就是無為這個觀念。這可說是兩千多年前祖先留下來的無窮恩惠。這個大帝國，沒有軍備，沒有治安警察，也沒有特務，租稅很輕。所以（中國古代政治思想）第四件大事，可說是打倒極權帝國而建立一個比較安定的國家；拿以前提倡了而沒有實行的無為而治的政治哲學，來安定四百二十年大漢帝國，安定幾千年來中國的政治。❾⓿

在上述演講之前七天，胡適另有一場題為〈從到奴役之路說起〉的演說，❾❶支持海耶克《到奴役之路》（*The Road to Serfdom*）一書中所展示的新放任主義經濟觀點，認為一切計劃經濟都是與自由不兩立的，都是反自由的。他對過去所說「十九世紀中葉以後的新宗教是社會主義」一類的話表示懺悔，強調社會主義的成功都必須依賴

---

❾⓿　胡適，〈中國古代政治思想史的一個看法〉，載《自由中國》10卷7期（1954：4：1）。收入《胡適文集》12，頁181。

❾❶　〈中國古代政治思想史的一個看法〉係1954年3月12日在國立臺灣大學的演講，〈從到奴役之路說起〉的演說日期為1954年3月5日，係《自由中國》雜誌社歡迎茶會上的演講。

獨裁，都會導向奴役之路。似乎是完全接受了海耶克自由經濟的論點，同時也將放任與無爲兩個體系結合了。

胡適是否眞的全盤接受了海耶克的觀點，從此放棄了「自由的社會主義」的想法而成爲一個消極自由的支持者？答案是否定的。胡適到晚年還在贊揚紐西蘭勞工黨領袖納蘇（N. Nash），說這個人「替紐西蘭做了不少的事，在勞工黨執政二十年中，每個孩子出生後，孩子的母親就可以得到每月三元五角的補助，年齡大了，還有增加，一直補助到十六歲爲止。」他也認可羅斯福在美國推行的新政，說：「羅斯福在 1933 年實行新政以後，才承認工人有集體的組織。……於是有安全保險、老年保險、失業保險，從此美國工人的生活改善了。這個羅斯福的新政對美國的貢獻是很大的。」❷這仍然是胡適早年「充份運用政治的機關爲社會全體謀充份的福利」的「自由的社會主義思想」，與海耶克放任經濟之間，有著明顯的鴻溝。海耶克曾指責羅斯福步卑斯麥的後塵，將德國從警察國家變形而來的Wohlfahrtsstaat（福利國家）概念引入美國，使自由主義者必須面對一個目標模糊化的新戰局。❸

胡適贊揚海耶克的自由經濟觀點，一方面固然有 50 年代臺灣當局壓抑自由的政治現實爲其背景，另一方面，胡適也是將自由經濟放入了無爲政治的架構中，他從「帝力於我何有哉」的無爲觀點來瞭解自由經濟哲學，認爲「資本主義不過是勤儉起家」，「使人人

---

❷　胡頌平，《胡適之先生晚年談話錄》（臺北：聯經，1984），1960：12：7，頁95-96。

❸T. A. V. Hayek, *The Constitution of Liberty*, Chapter17.

能自食其力，帝力於我何有哉？」❾通過這種選擇性的理解，胡適
避過了海耶克等人有關福利國家與自由主義矛盾的全面分析思考過
程，使他在擁護海耶克自由經濟理念的同時，也能支持羅斯福新政
所代表的大政府主張。事實是，胡適嚮往的是一個能與民休息而又
能爲社會全體謀充份福利的領導重心。他並不反對孫中山所設計的
「由一個有知識能力的中央政府出發到各地方」的憲政體系，只是
強調人權必須被維護，政治必須依據法律，及政府須對人民負責任
等幾條憲政基本原則而已。❾

　　消極與積極兩種自由理念本身各爲一獨立思想體系，在系統內
各有一完整之理論展開過程及與之相應之實踐設計，兩者無法相容
相混。胡適的政治理念既非系統的消極自由，亦非系統的積極自由，
他自由地在兩個不同思想體系中擷取符合自己想像的部分，而不理
會這些採擷的結果是否能在一個思想系統中相容。自由經濟與大政
府，無爲與積極，這些在一個系統中必然會互相撞擊的元素，胡適
都覺得在自己的思想中可以相安無事，左右逢源。是什麼原因導致
胡適有這種樂觀精神，讓他可以從容地化緊張於無形？這是因爲：
如同中國歷史上眾多思想家一樣，胡適思想的立足點並不在系統思
考，而在人格解決。通過人格這個自我主宰，非人格化系統思考的
嚴整序列被打破，取而代之的是天人合一式的內在自我和諧。人格
越向精英層發展（成聖成賢），和諧的柔軟性也越增。王陽明的良

---

❾　胡適，〈從到奴役之路説起〉，《胡適文集》12，頁836。
❾　胡適討論人權與憲政的文字，一向極受學界重視，論述已多，不再贅言。
　　可參看胡適《人權論集》及《胡適的時論》、《獨立時論一集》等書。

知便是一種無限可能的和諧，朱熹最後的「豁然貫通」，「表裏精粗無不到」，也同樣表現出一種可以消融所有差異性的至高和諧。胡適在知識論上固然不相信有豁然貫通的絕對智慧，❻但在人格上，他認同於一種源於文化道德的自由意志與個人主宰性，在個人與社會之間，閃耀著和諧的柔光（請參看下章）。

胡適政治理念的最後支撐點正在與人格密切相關的精英政治──一種深受儒家傳統影響的政治理念。

在 1922 年提倡「好政府主義」時，胡適將民國肇始的新氣象歸功於「優秀分子加入政治運動」，而將後來的亂象歸咎於「好人漸漸的厭倦政治了，跑的跑了，退隱的退隱了。」他呼籲好人出來組織「好政府」，說：

> 今日政治改革的第一步在於好人須要有奮鬥的精神，凡是社會上的優秀分子，應該為自衛計，為社會國家計，出來和惡勢力奮鬥。❼

他甚至認為，只要好人肯去「幹」，不管是英美式的民主制度也好，蘇聯式的中央計劃制度也好，制度本身無所謂好壞，都可以一試。他說：

> 什麼制度都有普遍性，都沒有普遍性，這不是笑話，是正經話。我們（好人）如果肯幹，如果能幹，什麼制度都可以

---

❻　參考拙著，〈戴東原哲學與胡適的智識主義〉，《新思潮與傳統》（臺北：時報出版公司，1995）。

❼　胡適，〈我們的政治宣言〉，《胡適文存》二集三卷，《作品集》9，頁22。

行。❾❽

1930 年寫成《中國中古思想史長編》，其中，胡適在評論《呂氏春秋》的政治思想時說：

> 呂氏春秋的政治思想雖然側重個人的欲惡，卻不主張民主的政治。……爲什麼呢？因爲治國是一件很繁難的事，需要高等的知識和很謹慎的考慮，不是眾人所能爲的。❾❾

這個治國需要高等知識的理論，在胡適政治思想中一再出現，如說：「一般人只知道做共和國民需要較高的知識程度，他們不知道專制訓政更需要特別高明的天才與知識。……專擅一個偌大的中國，領導四萬萬個阿斗，建設一個新的國家起來，這是非同小可的事，決不是一班沒有嚴格訓練的武人政客所能夢想成功的。」❿⓿或：「俄國有二百年的大學與科學院，還有整個歐洲做他們的學術外府。……若妄想在一個沒有高等學術的國家造成現代式的獨裁政治，那就眞要做到畫虎不成反類狗了。」❿❶胡適認爲治理國家與公民行使主權不同，在憲政所建立之規則秩序保護下，公民主權如投票權之行使並不難訓練，許多阿斗將平凡常識湊起來就勉強可以應付，所以民主政治可以說是幼稚園的政治。❿❷治理國家則不同，它本身是一種

---

❾❽　胡適，〈歐遊道中寄書〉，《胡適文存》三集一卷，《作品集》11，頁65。

❾❾　胡適，《中國中古思想史長編》第二章第三節：「呂氏春秋的政治思想」，《作品集》21，頁130。

❿⓿　胡適，〈再論建國與專制〉，《胡適時論集》，頁376。

❿❶　胡適，〈一年來關於民治與獨裁的討論〉，同前書，頁510。

❿❷　同註100。

高深學問，需要出類拔萃的人才來執行。獨裁政治如 30 年代蘇聯或意大利式的，不但需要列寧或史太林等「富有學問經驗的天才」來領導，還要有數以百萬計的專家作耳目輔助。民主政治當前還在訓練人才的階段，還很幼稚，但「照資本主義的自然趨勢，資本主義社會應該有第一流人才集中的政治，應該有效率最高的『智囊團』政治。」[103]

在胡適心目中，專家政治即所謂「智囊團」政治，乃是當前無效率的阿斗式民主政治的更高級發展，在「國家權力」需要伸張時，「混混過」（muddling through）的民主政治不足應付新的需要，乃有專家政治的大規模試行。他說：

> 試看英國的民主政治，向來是常識的政治，英國人也向來自誇「混混過」的政治。直到最近幾十年中，一班先知先覺才提倡專門技術知識在政治上的重要，費賓會的運動最可以代表這個新的覺悟。大戰的後期和最近經濟恐慌時期，國家權力特別伸張時，專家的政治才有大規模試行的可能。試看美國的民主政治，那一方面不是很幼稚的政治？直到最近一年半之中，才有所謂「智囊團」的政治出現於美國，這正是因為平時的民主政治並不需要特殊的專家技術，到了近年的非常大危機，國會授權給大總統，讓他試行新式的獨裁，這時候大家才感覺到「智囊團」的需要了。[104]

---

[103] 同上，頁377。

[104] 胡適，〈中國無獨裁的必要與可能〉，《胡適時論集》，頁504-505。

照胡適的邏輯，中國當前因為缺乏人才和訓練，所以最好的辦法就是推行「幼稚園」式、毋需高深學問的民主政治——憲政，也就是「建立一種規則來做政府與人民的政治活動的範圍，政府與人民都必須遵守這個規定的範圍。」❿在這樣一個公民主權確立的前提下，政府的運作仍必須依賴專家人才。他說：

> 今後必須尊重專家，延請專家去顧問政治，解決難題，沒有專門研究的人，不配擔負國家和社會的重要責任。⓴

中國政治的出路，並不在當時國民黨或共產黨人所想像的，要實施新式獨裁，集中四萬萬人的力量完成共同目標；而在於國中的知識階級和優秀人才自我組織起來，監督、指導並協助政府。胡適說：

> 我們不能希望全國人民齊集在一個嚴密組織之中，以四萬萬人的力量向共同的目標努力。我們只能希望在最近幾年之內，國中的智識階級和職業階級的優秀人才能組織一個可以監督政府、指導政府、並援助政府的干政團體。……如果我們能在這個建國的大目標之下，把國中的智識、技術、職業的人才組織起來，也許就是中國政治的一條出路罷？⓸

精英分子不必在一個主義下集結，這樣會破壞精英本身的專業性獨立性。所以胡適僅主張知識分子優秀人才起來組織監督、指導政府

---

❿　胡適，〈我們能行的憲政與憲法〉，同前書，頁770。同樣言論又見於：〈我們能做什麼〉，《胡適文集》12，頁801。

⓴　胡適，〈思想革命與思想自由〉，《胡適時論集》，頁200。

⓸　胡適，〈中國政治出路的討論〉，同前書，頁245。

的干政政團，而從不鼓吹精英階層自組政黨或加入其他政黨。一旦組織政黨，勢必要先確立主義，知識分子的獨立性即會消失。不但精英人才不宜組黨，政黨政治也無任何價值，胡適說：

> 我是不贊成政黨政治的，我不信民主政治必須經過政黨政治的一個階段。⑩⑧

胡適何以不贊成政黨政治，他沒有說明。但他認爲：人民的福利高於一切，國家的生命高於一切。推想他的意思應該是：在國家和人民之間，只要獨立、自由的精英階層切實發揮監督、指導作用，像傳統士紳階層在理想狀態下所作的，則迂迴的、混混過的、又非精英傾向的政黨政治，事實上並不見得更能照顧人民的福利。所以胡適認爲，任何黨綱、黨義都不能解決政治出路問題，出路只有一條，就是在精英領導下作自覺的一點一滴的改革。胡適說：

> 我們只有一條路，就是認清了我們的問題，集合全國的人才智力，充分採用世界的科學知識與方法，一步一步作自覺的改革。在那自覺的指導下一點一滴的收不斷的改革之全功。⑩⑨

精英分子只對眞理負責，眞理存在於具體事實中，如胡適所說：「我們深信只有事實能給我們眞理，只有眞理能使我們獨立」，⑩唯有深入事實中作科學的觀察、調查、分析、研究，再以獨立負責的態度擬訂對策、解決問題，超越意識形態與黨綱黨義的偏見，才

---

⑩⑧ 胡適，〈政制改革的大路〉，同前書，頁622。

⑩⑨ 胡適，〈建國問題引論〉，同前書，頁357。

⑩ 胡適，〈獨立評論的一周年〉，同前書，頁340。

能爲中國的政治找到出路。這樣，胡適的政治理念最後不得不打破任何一套非人格化的系統思考，而歸結到以人格爲主軸的精英政治。精英政治此一理念本身固然包含著豐厚的傳統因素，胡適自 30 年代以來對此一傳統本身也已作過不少說明，是無從否認的事。但胡適的精英政治理念畢竟有著與傳統不同的現代性特點，主要可分兩項：第一、胡適理念中有一套近代西方自由主義憲政的基本架構，這套架構不爲國粹主義所動搖，也不爲靠近積極自由說的新式獨裁論所動搖。在各種以犧牲某些基本自由權利爲代價的學說面前，如梁漱溟的村治主義或西方積極自由、新式獨裁論等，胡適以其民主憲政與基本自由權利理念攔江截斗，苦守自由主義理論陣營，雖蒙落後膚淺之譏而不顧。第二，胡適理念中的人格不同於純粹從舊宋明理學傳統得出的內在自由人格，他延續明清以來兼重形體情欲的新思維，強調能力在人格上的重要性，尤其是與社會及全人類利益有關的能力。這種具社會能力的個人主義所形成的政治，才是精英政治。

第三章　胡適的個人主義
與新仁愛觀

　　中國自由傳統向來最重視的是人格自由，從孔子的「為仁由己」，孟子的大丈夫，宋明理學強調的道德主體性，到嚴復、梁啓超要求擺脫嗜慾束縛的自由論，闡揚的都是偏向精神層面的主體自由，或稱內在自由。這種自由的達成，主要須依賴主觀內在的努力，不停提昇精神境界，如章炳麟所說，係由個己驗證的而非向外認知的，故對非個己驗歷、無境界可證的經濟建設、社會發展、法制建構等問題，即西方自由主義所謂消極自由之論說，在五四運動之前中國自由傳統之相關論述中，尚未形成典範性之論域。相對於洋務運動以來經世家對物質建設的迫切要求，兩者之間顯然有極大落差。

　　明清思想界出現重視「穿衣吃飯」等人之情慾達遂的新思潮，促使傳統思想由獨重主體人格自由轉向兼重內在自由與消極自由。惟是此種轉向僅及於籠統之抽象概念層次，對物質文明應如何建設，相關制度如何建構、精神與物質之關係復當如何定位等具體問題，則均未有論述。

　　胡適引入杜威之社會道德觀，總結明清以來之新思維，將情慾、個體、物質生活等議題充份展開，強調精神與物質、個人與社會均不可分割。仁愛的精神必須有仁愛的實質效果呈現，方是實際的仁

愛。個人道德之完成，因此，必須包括養成實際可以解決社會問題的能力，「講道德離不了社會，講社會的幸福，就是講道德」，形成精神與物質合一、個人與社會合一、理論與效果合一的新道德觀。繼宋代李覯、王安石，及明清時期王艮、李贄、王夫之、顏元、戴震等開創新典範的思想家之後，將此一思想上之新典範帶入更系統化、更具近代意義的論域。

第一節　對傳統人性觀的繼承發展

胡適自由主義有中國自由傳統的深厚來源，這包括先秦人文精神、自然主義、宋代程朱理學中的窮理格物精神、清學中蘊藏的科學精神，以及歷代知識分子的反抗與批評傳統等（見上章），而將這個上下二千年的傳統用新觀念重新架構成一符合當前需要的自由主義思想體系，所依賴的思想基礎，則來自美國的實驗主義（pragmatism）。

胡適在 1915 年暑假中，發憤盡讀實驗主義大師杜威（John Dewey 1859-1952）的著作，並做有詳細的英文提要，從此以後，實驗主義便成了胡適生活和思想的一個嚮導，成了他的哲學基礎。❶

實驗主義是二十世紀頭二十年代表美國精神的哲學，它承襲了前一個時期史賓塞（Herbert Spencer 1820-1903）哲學「進步」的精神，但將「進化論」命定的環境觀，轉換成人得以參贊環境的互動

---

❶　胡適，《留學日記》自序，《胡適作品集》34（臺北：遠流出版社，1986。以下簡稱《作品集》），頁4。

說，消除了社會達爾文主義（Social Darwinism）反人文精神的色彩。如果說，史賓塞主義反映的是自動進步與放任的十九世紀觀點，代表的是「必然」的哲學（the philosophy of inevitability），實驗主義便是在這種觀點中加入了充份的樂觀精神，容許人在進步過程中有參贊與控制權，表現的是「可能」的精神（the philosophy of possibility）。❷很顯然的，這樣一種較樂觀、可能、容許人與天地參的新理念，較嚴復輸入的天演論更符合中國思想傳統。

杜威的著作幾乎涉及哲學的每一個環節，而基本上，他被認為是一個道德哲學家、教育家和政治思想家。他反對任何形式的集權主義，包括共產主義和法西斯主義，堅持自由。但一個自由社會的達成，並非靠天賦自由或先天判斷，而是靠著人以智識（intelligence）為主要利器，逐步地、緩慢地奮鬥而成。史賓塞豎起了決定論，發出環境對人有絕對控制力的危言，杜威則強調自由，相信人對環境的改造力，❸讓生命從悲觀命定轉回樂觀自主。

對杜威而言，環境是一連串的「問題處境」（problematic situation），人生並沒有無上命令式的最後目標或行為規範，人只有在與環境的互動中借著一個一個實際問題的解決，獲得令人滿意的經驗，在長期過程中形成社會智慧（social intelligence）。當人與環

---

❷ 此段所述主要根據Richard Hofstadter, *Social Darwinism in American Thought* (Boston: Beacon Press, 1955 revised and reset), Chapter 7, " The Current of Pragmatism ", pp.123-142.

❸ 依據Morton White, *The Age of Analysis* (New York: The New American Liberary, 1955), Chapter XI, " Sciecnce and Morals: John Dewey ", pp.173-178.

境能夠有效地凝合時，個人能力便得到解放和充實，價值統一，變成杜威所謂的「可消費的經驗」（consummatory experience）。而當社會智慧達成個人與社會相處的平衡狀態時，它就必然含有道德性或道德的預設（moral presuppositions），包括人的個體性，權利平等、公正，以及成長、自由等價值，形成價值統一的但非強迫的社會向善心理。顯然，這樣的「善」並非純粹先天的超越的善，它出於人的創造或營構；但創造營構又不是全然根據原始衝動或功利考量，而出於結合主觀與客觀、個人與群體、理性與經驗在內的社會智慧。社會智慧內容永遠開放，「未來」永遠是一本未寫完的書，人在與環境互動面對問題時，便永遠有自由去參與這逐漸累積發展的成長過程。❹

　　在胡適接觸杜威哲學時，杜威晚期成系統的著作雖然都還未發表，但基本觀念則已形成。實驗主義的另外二位大師皮耳士（Charles S. Peirce 1839-1914）和詹姆士（William James 1842-1910），則都在胡適成為實驗主義信徒之前就已去世，思想亦已系統呈現。在這個基礎上，胡適吸收了實驗主義的自由、智識、社會智慧、問題處境、累積發展等觀念，用以調融中國傳統，演成自己的自由主義社會哲學。

　　胡適自己一再強調，實驗主義只是一種思想方法。這個選擇式的陳述，使胡適在學術史上受到很大誤解，有人便逕指他「有師無

---

❹　以上主要依據James Gouinlock, ed., *The Moral Writings of John Dewey*（New York: Prometheus Books, 1994）, " Introduction "部分。

承」、「對乃師學說懂得有限」。❺其實，將實驗主義視為一種方法，原是杜威說過的話，❻而當胡適作這個陳述時，他的目的並非在為實驗主義這一種西方哲學的思想價值定位，這對胡適來說，是毫無意義的事。胡適自己終身關懷的，是如何在科學時代建立一種中國哲學，以此，他以實驗主義為思想方法，重新董理中國哲學思想體系，並且如蔡元培所說的，得出了令人耳目一新的成績。❼

　　首先在中國傳統哲學中最核心的人性論問題上，清儒如顏元、戴震等，已成功地將此一問題從形上學的高度拉到社會哲學的地平，胡適說顏元「只老老實實地承認性即是這個氣質之性」。他引用顏元《存性編》的話：「譬之目矣……光明之理固是天命，眶皰睛皆是天命。更不必分何者是天命之性，何者是氣質之性。」並在這段話後批評說：「這便是一筆勾銷了五百年的爛帳，何等痛快！」又說：「人性不過如此，最重要的是教育。而教育的方法只是實習實做那有用的實事實物。」❽胡適繼承乾嘉學者餘緒，將人性問題放在社會文化的架構中處理，而不作玄理思辨。他將人生哲學或倫理學中對人生行為善惡的討論分成二大派，認為一派注重「動機」，一派注重行為的效果影響。他認為，儒學一開始時只是重視行為，

---

❺　吳森，〈杜威思想與中國文化〉，見汪榮祖編，《五四研究論文集》（臺北：聯經出版社，1979），頁125-126。

❻　John Dewey, " What Pragmatism Means by Practical ", in John Dewey, *Essays in Experimental Logic*, p.303.

❼　蔡元培，胡適《中國哲學史大綱卷上》序。

❽　胡適，〈幾個反理學的思想家〉，姜義華主編，《胡適學術文集·中國哲學史》下冊（北京：中華書局，1998二版），頁1153。

如孔子的人生哲學，與其說注重動機，不如說注重養成道德的品行。
到宋以後，「動機論」才全面取代「品行論」。胡適說：「後來的
儒家只為不能明白這個區別，所以有極端動機的道德論」。❾表明
他並不贊成儒學中程朱、陸王二系以性理或道德動機為主的道德論，
而與後來清儒的關注點一樣，以「行」的問題為道德的焦點。他贊
成戴震的情欲哲學，認為有生活才有道德可言，他在一篇研究戴震
的論文中表達自己的見解說：「性即是血氣心知，其中有欲，有情，
有知覺。因為有情有欲，故有生養之道，故有事業，有道德。」❿
道德出於生活，並非先驗的。

　　從宋明理學的觀點看來，這種從文化歷史培養出來的道德，即
使已經內化在人的品格中，也仍是「義外」的，是屬於告子一路的
人性觀點，未為孔孟正傳。胡適也承認宋儒在哲理上確有獨創性，
確能使儒門由「淡薄」走入微奧。他說：

> 宋儒輕視漢唐古注疏，只為漢唐儒者只做得名物訓詁的工夫，
> 不談微言大義，所以宋儒嫌他們太淺陋了，笑他們未聞大道。
> 宋儒的理學所以能風行一世，也只為他們承禪宗的影響，居
> 然也能談玄說妙，一洗「儒門淡薄」之風。⓫

但胡適更欣賞「反理學先鋒」費密（1625-1701）所說「儒貴能治天

---

❾　胡適，《中國古代哲學史》（原名《中國哲學史大綱卷上》）第四編第四
　　章，《作品集》31，頁83、107。
❿　同註8，頁1160。
⓫　胡適，〈費經虞與費密──清學的兩個先驅者〉，見《胡適學術文集·中
　　國哲學史下》，頁1131。

下」的新義理學觀點，認爲這種理論「雖極淡薄，卻是一種整治社會國家的途徑，比那性命玄談是實用多多了。」❷他抱著和和赫胥黎（Thomas Henry Huxley, 1825-1895）等人相同的存疑主義（Agnosticism）的態度，主張「放開了那遠而難知的，且來研究那實而易見的」，「離開神學與玄學的圈套，來做科學的工夫。」❸在道德的內外問題上，他採用了宋儒李覯（1009-1059）「性者，人之所以明於善也，觀其善，則見人之性」的說法，說李覯「用意只是要人注意性命的外面的表現——善。他不要我們空談那不可捉摸的性命。」❹又說：「他（李覯）所說的性只是一塊可以如此，可以如彼的質料，但這種質料須要有教育禮法的制裁，然後可爲成材。性命都是天然的，但都全靠人力，方能有成。」❺

他進一步闡明李覯思想的特點「就在這個外字上」，「單有內而沒有外面的表現，是沒有用的。」他引李覯在〈禮論後語〉中的話：

> 夫有諸內者，必出諸外；有諸外者，必由於內。孰謂禮樂刑政之大，不發於心而偽飾云乎？且謂衣冠非自內出，則寒而被之葛，熱而被之裘，可乎？夏則求輕，冬則求暖，固出於吾心，與飢渴之求飲食，一也。……故天下之善，無非內者也。❻

---

❷　同上，頁1132。

❸　同上，頁1133。

❹　胡適，〈記李覯的學說〉，前揭書，頁961。

❺　同上，頁962。

❻　同上，頁966。

李覯內外之辨的本來意思，是先肯定人有飢渴寒暑的內在「性欲」即物質生活欲望，所謂「飢渴存乎內，寒暑交乎外」，以至於男女婚姻，父子親情，君臣統系等，都是實際生活中自然形成的需求，順應這些需求加以節文，便合於「禮之大本」，所以說：「夫禮之初，順人之性欲而爲之節文者也。」**⑰**李覯所謂的善，就是這種能合乎禮之大本的行爲。行爲發自內心，禮樂刑政等社會行爲首先也必須發自內心，因此說：「天下之善無非內者也」。這並非說人心中有先驗的道德律令，而是說向善的行爲都有內在需求的依據。內在不易見，只能從外在善行加以推求，所謂「觀其善，則見人之性」，就是這個意思。當胡適用「要人注意性命的外面表現」來理解李覯所謂「見人之性」時，他無疑已掌握了李覯這種「善內」的理論。但胡適自己重視的還不是善的內在依據，而是內外結合的效果，所以他進一步強調內外結合的必要性，說：「單有內而沒有外面的表現，是沒有用的」，甚至再引伸成反對「單注重內而不注重外面表現的制度」，將李覯的學說變成了自己的學說。胡適這樣發揮說：

> 他又說：「天下之善，無非內者」。這句話便是打破一切重內輕外的成見。因爲一切善都是內的，故他明白主張法制的重要。他說：「有諸內者，必出諸外。」單注重內而不注重外面表現的制度，不是儒家的性理空談，便是禪家與道士的「內功」了。他在〈禮論四〉中說：「性蓄於內，法行於外」，這是李覯的一個大主張。後來王安石的新法便是想從外面的制度上做一番救世的工夫。後來王安石一系與司馬光、程頤

---

⑰ 李覯，〈禮論一〉，《直講李先生集》（四部叢刊影明刻本）。

一系的勢不兩立的競爭，從哲學史上看來，仍舊是一個主外
與主內之爭。王安石一系究竟失敗了，故這八百年的思想仍
舊是主內派的勝利史。❽

胡適是反對「單注重內而不注重外面表現的制度」的，他也因此反
對八百年來「儒家的性理空談」而堅決主張一種合物質與精神為一
的文化。這是胡適思想的基礎，亦係其人性觀、道德觀的基礎。要
合內外為一，所以胡適一方面主張外在的人為制作不能違背人情的
天然趨勢，與所謂荀學分出了涇渭；另一方面則又強調，內在情性
必須獲得人為制作的利導，天然本能才會有正當發展，捨此，則內
在不管有如何潛伏的善，都無法得到發展。他在〈記李覯的學說〉
中這樣說：

> 李覯的功利主義和人事主義並不是要反乎自然，其實還是要
> 根據自然。禮制法度都是人為的謀樂利的工具，但不是違背
> 人情的天然趨勢的，人事的制度乃是謀天然的本能的正當發
> 展的唯一法門。

王夫之《周易外傳》卷二釋「大有」說：「天下之用，皆其有者也。
吾從其用而知其體之有，豈待疑哉？用有以為功效，體有以為性情，
體用胥有而相需以實……故善言道者，由用以得體；不善言道者，
妄立一體而消用以從之。」又同書卷五說：「性則因乎成矣，成則
因乎繼矣，不成未有性，不繼不能成。」既主張體用皆實，從用見
體，又堅執人事上「成」、「繼」的重要性，其說與李覯學說多可

---

❽　同註14，頁967。

互相發明，胡適在人性論上所走的，也正是這一條不同於宋明理學的路。

　　胡適認為，道德在作先天後天的區分之前，先要分成內容和外表。做一件好事，如果不出自真誠之內在，只是為了趨利要名，或怕刑罰笑罵，便只是「外表」的道德。若出自內在真誠不得不去做的，則屬於內容的道德。內容的道德論才再分成兩種，一種偏重動機或先天性，如宋儒主張存天理滅人欲，康德倡言道德律令，都是認定「天理」有先天的絕對無限的尊嚴，善的「理該」去做，惡的「理該」不去做。另一種注重習慣品行，習慣（habit）已成，即是品行（character），見善「自然」去做，見不善「自然」不做。如良善人家的子弟，受了良善的家庭教育，養成了道德的習慣，自然會行善去惡，不用勉強。關於道德由習慣養成的問題，胡適僅提出看法而未作理論闡述，同時代的哲學家張東蓀（1886-1973）對此一問題亦持相同看法，而理論翔實，可補充胡適的不足。張氏說：

> 吾人之修德在於改造『性格』。世人對於『性格』一語往往誤會為『天稟』（natural trait），實則不然。天稟者生而俱有之特性也，性格則由於鑄成，而非由於天生。……所謂道德的性格（moral character）者謂以道德而鑄成性格也……如仁慈、如俠義、如智敏、如忠實、如剛毅等等皆可成性格。須知此等非由天生而然，乃因沐化於文化中而鑄成也，迨鑄成以後則無異於天性。……夫人之性其原始也固未必不仁慈，然亦決未必為仁慈，使其為仁慈者文化之力也。水之流入視凹形之大小圓曲而異其勢。故謂吾人個性純自天然而生成，

非也；純由文化而造成，亦非也，乃二者有相關之點耳。❶

一旦道德習慣養成之後，個人道德行爲亦係出自自由判斷與內心眞誠，仍然是「內容的道德」，只是不從先天的方向去解釋，而強調主觀後天的養成。至於這樣的道德是否內在自有其根萌或現成良知？或是否純粹絕對的至善？站在實驗主義的立場，胡適會認爲這是並不須要存在的問題。這種純哲學的問題，與孔子所倡言的人倫日用的生活之間，是了無關涉的，也正是杜威「哲學的改造」所要改革的對象。

孟子以來儒家的性善論都主張先天具足的絕對的善，到清初王夫之（船山，1619-1692）提出天生人成的新性善論之後，才有了重大修正。在西方，古典自由主義（classical liberalism）同樣認爲人性有自足的、固定的善，有這種絕對超越的善性，放任政策才能取得其理論依據。杜威則強調人性（human nature）是人與社會環境互動的結果，品格與行爲規範並非天然賦有、吾性自足，而是生命活動中複雜的動態的諸多習慣共同形成的結晶。對杜威而言，人性是尚未定形的內容，就像「善」（good）並非現成的理想的固定內容，而有待進一步創造或營構。❷胡適以習慣解釋人性而又不失去人在道德養成中的主觀能動性，這種觀點，無疑受有杜威深刻的影響，並且

---

❶　見張東蓀，《道德哲學》，〈結論〉五，載張汝倫編，《張東蓀文集》（上海：遠東出版社，1995），頁235。

❷　James Gouinlok, ed., *The Moral Writings of John Dewey*, " Introduction ", pp.xxviii-xxix. 杜威有關「善」的討論，主要見其1929年所著書*The Quest of Centainty*，第10章。

符合王夫之、戴震以來清儒新人性觀的立場。

　　胡適將孔子的人生哲學歸為後天的注重道德習慣一方面的，他據《論語》所記「性相近也，習相遠也」、「吾未見好德如好色者也」等語，論證孔子並不主張好德之心是天然有的，然而，好德之心雖非天然生就，卻可以培養得成，培養得純熟了，自然流露，便如好色之心一般，毫無勉強。胡適認為，《大學》所謂「如惡惡臭，如好好色」，便是道德習慣已成熟的狀態，與孔子所說「知之者不如好之者，好之者不如樂之者」，是同一種境界。這種道德習慣，不能用強迫手段，而是要用種種教育涵養的功夫造成。❷

　　清初王夫之提出「天生人成」的新人性觀命題，謂「性者生也，日生而日成之也」，「故性屢移而異……未成可成，已成可革」，❷強調天命中的善只是人性中的根，人每日受新的天命，每日長養自己的形質與善性，所以性並非「一受成侷」即「不受損益」的，而是要不停地「繼善成性」，以人的主觀努力力行仁義之善，故雖說人皆有仁義禮智的善根，而實更強調後天的長養力行，所以說：「古之善言性者，取之有生之後，閱歷萬變之知能」，❷與宋、明儒「性即理」或「心即理」之說，確已大相逕庭。黃宗羲晚年「心無本體，工夫所至即其本體」之說，❷亦是不重初生動機而期日成力行之意，與王夫之論旨差近。清初另一大儒顏元提倡「時習力行」，說：「有生後皆因習作主，聖人無他治法，惟就其性情所自至，制

---

❷　同註9，頁107-108。

❷　王夫之，《尚書引義》卷三「太甲二」。

❷　王夫之，《詩廣傳》卷四。

❷　黃宗羲，《明儒學案》，〈自序〉。

爲禮樂，使之習乎善以不失其性」，㉕形成胡適所推重的顏李學派之重行哲學。這條由氣論而來的新人性觀線索，到清末與西方輸入的科學結合之後，重視道德習慣的傾向便更爲明顯。康有爲（1858-1927）在其早年著作中說：「今之所謂仁義者，積人事爲之，差近於習，而非所謂性也。若夫性則仁義愛惡無別也。善者非天理也，人事之宜也。故以仁義爲善，而別于愛惡之有惡者，非情也，習也。」㉖胡適以習慣說道德，固然受有西方「以文化說明道德」主張之影響，㉗然而其學說也不是全盤的移植，其中中國近代思想之脈絡，正彰彰可尋。

第二節　個人的主觀能動性

胡適在整理中國哲學史時，相當注意「內觀」或「內省」這個問題，表明他雖然主張道德出於習慣，卻並不認爲道德習慣完全只是一種外力，可以單憑社會（法律）制裁或功利考量進入人心。他將〈大學〉、〈中庸〉的著作時代放在孔子和孟子之間，認爲最早的儒家只注重實際的倫理和政治，只注重禮樂儀節，不講究「心理的內觀」，到〈大學〉、〈中庸〉時代，則從「外務的儒學進入內觀的儒學」。〈大學〉談誠意，胡適將意字解爲「居心」或動機，加以發揮說：

㉕　顏元，《年譜》。

㉖　康有爲，《康子內外篇》，〈愛惡篇〉。

㉗　張東蓀，《道德哲學》，〈結論〉，頁219-251。

　　大凡論是非善惡，有兩種觀念：一種是從「居心」一方面
　　（Attitude; Motive）立論，一種是從「效果」一方面（Effects;
　　Consequences）立論。例如秦楚交戰，宋牼說是不利，孟軻
　　說是不義。義不義是居心，利不利是效果。〈大學〉既如此
　　注重誠意，自然偏向居心一方面。❷

胡適將〈大學〉、〈中庸〉、《孟子》視為儒學演變的一大關鍵，
有了這幾部書，才使學說變遷有線索可尋，從「極端倫常主義的儒
家」，變成「尊崇個人的孟子」，從「重君權的儒家」，變成「鼓
吹民權的孟子」，從「儒家的極端實際的人生哲學」，變成孟子「心
理的人生哲學」。❷在胡適的用語中，「極端」都代表了一種負面
的意義，〈大學〉、《孟子》代表「動機」、「居心」派的「內觀
的儒學」，雖然不見得完全得到胡適的贊同，卻可以修正早期儒學
中極端「外務」的傾向。可見在胡適心目中，道德是不能純粹向內
或向外的，必須內外貫串、協調，如同杜威的經驗說一般，打破傳
統內外二分的格局，形成環境與主體人結合的人格，養成主體內在
的道德習慣。這種道德習慣，因為必須面對環境，或清儒所謂事理，
所以不會流為完全主觀的道德想像。而另一方面，道德習慣在接受
過程中又不停經過主體理智的內在反省，所以也不會是對社會勢力
的盲目服從。個人內在與社會外在之間，是一種互動創造的關係。
　　習慣出於培養，但在培養的過程中，個人並非如傳統經驗論者
（如洛克John Locke 1632-1704）所說的那樣，只能接受感覺材料形成被動

---

❷　《中國古代哲學史》第十編第一章，《作品集》31，頁253。
❷　同上，頁248。

的經驗。在培養的過程中，個人仍然有自己的意志，在與環境的互動中，作出自主的選擇。胡適這種非形上學的自由意志的觀點，與同時代以邏輯實證論馳名的哲學家金岳霖（1895-1984）可互相發明。金氏在《論道》中說：「一個體的最後主宰是該個體底能。一個體底能之即出即入，自其它個體觀之也許僅是該個體底活動或行為，自該個體本身底觀點而言之，就是該個體底意志。自一個體本身而言之，它底能不必出於此入於彼，而竟出於此入於彼者，該個體底意志為之。」❸胡適引用詹姆士新心理學的觀點說：

> 詹姆士用生理來講心理，認定我們的神經系統不過是一種應付外物的機能，並不是天生成完全無錯誤的，是最容易錯誤的，不過有隨機應變的可能性，「上一回當，學一回乖」，一切錯誤算不得是他的缺點，只可算是必須經過的階級。心的作用並不（如康德說的）像是照相機一般的把外物照在裏面就算了；心的作用乃是從已有的知識裏面挑出一部分來做現在應用的資料。一切心的作用（知識思想等）都起於個人的興趣和意志；興趣和意志定下選擇的目標，有了目標，方才從已有的經驗裏面挑出達到這目標的方法器具和資料。康德所說的「純粹理性」乃是絕對沒有的東西。沒有一種心的作用不帶著意志和興趣的；沒有一種心的作用不是選擇去取的。……因為心的作用是選擇去取的，所以現在的感覺資料便是引起興趣意志的刺激物，過去的感覺資料（經驗）便是供我們選擇方法工具的材料；從前所謂組合整理的心官便是這

---

❸　金岳霖，《論道》（上海：商務印書館，1985），頁172。

選擇去取作用。世間沒有純粹的理性，也沒有純粹的知識思想。理性是離不了意志和興趣的；知識思想是應用的，是用來滿足人的意志和興趣的。㉛

胡適不贊同康德心理範疇的認識論，認為那好像是把心當成照相機，「把外物照在裏面就算了」。心並不帶著先天的純粹理性，它的內容從未寫定，所以能夠形成非先天決定的個人意志與興趣，從而知所選擇去取。因為心在理智上具有選擇去取的主動性，所以雖然說「行為成了習慣，便是品行」，㉜或「人格只是養成的行為習慣的總和」，㉝但另一方面，「有意識的行為都有一種目的」，這目的其實是先已見到的效果，是個人所作出的選擇。胡適引用杜威在《平民與教育》（*Democracy and Education*）一書第 26 章的話說：「平常的行為，本沒有道德和不道德的區別。遇著疑難的境地，可以這樣做，也可以那樣做；但這樣做便有這等效果，那樣做又有那種結果；究竟還是這樣做呢？還該那樣做呢？到了這個選擇去取的時候，方才有一個道德的境地，方才有道德和不道德的問題。」㉞道德出現在根據效果作選擇去取的處境中，從社會一方面看來，是合理養成的習慣，從個人看來，則是成熟選擇的意志。在通常的情況下，這「內」與「外」之間，應該長期形成貫串協調的關係，並不能分

㉛　胡適，〈實驗主義〉，《作品集》4，頁74-75。

㉜　同上，頁108。

㉝　胡適，〈寫在孔子誕辰紀念之後〉，《胡適文存》四集四卷，《作品集》18，頁82。

㉞　同註32。這部分文字又見於〈杜威的教育哲學〉一文，刊於1919年4月《新教育》一卷三期。

出內外。問題每天每分都在解決,所謂「天天有進步,天天有革命」,於是毋須出現激烈的道德革命或社會革命。但個人與社會之間的貫串協調機能並不取消個人對社會的質疑,也不限制個人只能用社會現有的方法去解決問題。因此胡適說,經驗不只是對過去的記憶,經驗也是對未來的創造。**❸❺**同樣,社會勢力雖然養成了個人的道德習慣,但並不阻止個人追求更合理或更「有效」之新道德。換言之,個人固然不能不受社會制約,但也非全受制約。他永遠保有選擇去取的自由,保有創造的智慧。他吸收經驗,卻也為經驗添加新因,造成不固定的未來。胡適這樣子看待個人與社會的互為因果的關係:

> 我這個「小我」不是獨立存在的,是和無量數小我有直接或間接的交互關係的;是和社會的全體和世界的全體都有互為影響的關係的;是和社會世界的過去和未來都有因果關係的。種種從前的因,種種現在無數「小我」和無數他種勢力所造成的因,都成了我這個「小我」的一部分。我這個「小我」,加上種種從前的因,又加上種種現在的因,傳遞下去,又要造成無數將來的「小我」。**❸❻**

在 1923 年科玄論戰時,胡適也將人的主動性置於因果律之上,

---

❸❺　胡適說:「杜威把經驗看作對付未來,預料未來,連絡未來的事,又把經驗和思想看作一件事。這是極重要的觀念。照這種說法,經驗是向前的,不是回想的;是推理的,不是完全堆積的;是主動的,不是靜止的,也不是被動的;是創造的思想活動,不是細碎的記憶帳簿。」見〈實驗主義〉,《作品集》4,頁89。

❸❻　胡適,〈不朽〉,《作品集》6,頁82-83。

強調人本身運用智慧創造新因的能力。他說：

> 甚至於因果律的籠罩一切，也並不見得束縛他的自由，因為
> 因果律的作用一方面使他可以由因求果，由果推因，解釋過
> 去，預測未來；一方面又使他可以運用他的智慧，創造新因
> 以求新果。❸

人可以自造新因以求新果，人當然也可以改造社會勢力養成更健全
的個人。這種人的主觀能動性的觀念，使胡適思想始終有一層人文
主義和自由主義的色彩，支持他成為最具代表性的而且是畢生不渝
的中國自由主義思想家。當陳獨秀（1880-1942）後來變成馬克思主
義者並企圖用「產業發達，人口集中」的經濟決定論觀點解釋新文
學運動之成功時，胡適答以「至於我們幾個發難的人，我們也不用
太妄自菲薄，把一切歸到那最後之因」。他引用陸象山的話說：「且
道天地間有個朱元晦陸子靜，便添得些子；無了後，便減得些子」，
說明：「白話文的局面，若沒有『胡適之、陳獨秀一班人』，至少
也得遲出現二、三十年」。他因此堅持，歷史事件的成因，「其中
各有多元的，個別的，個人傳記的原因」，要解釋「同在這個『最
後之因』之下，陳獨秀為什麼和林琴南不同？胡適為什麼和梅光迪、
胡先驌不同？」❸在提出這些問題時，胡適自己當然早已有了極其
明確的答案，那就是：每個個人都會因自己的創造智慧和意志選擇，

---

❸ 胡適，〈科學與人生觀序〉，《作品集》2，頁69。

❸ 胡適，〈導言〉，見趙家璧主編，《中國新文學大系·建設理論集》（上
　海：良友圖書公司，1935），頁15-17。

去添加社會總體原因以外的新因，走自己的路。而當個別的新因夠強時，甚至能夠改變整體社會發展的走向，寫出新的歷史。

第三節　個人與社會

代表胡適個人主義思想的「易卜生主義」，就是在這既強調習慣涵養又重視個人主動性的前提下形成的。胡適在 1914 年即有〈易卜生主義〉的英文稿，在康奈爾大學哲學會宣讀，到 1918 年寫成中文稿，表現一種「健全的個人主義的人生觀」。**❸❾**

挪威戲劇家易卜生（Henrik Ibsen 1828-1906）著述豐富而多姿，他早期的作品，常討論個人與家庭，個人與社會、道德習俗的虛僞等問題，強調個人在意志和理智選擇上的自主性，被胡適譽爲「最可代表十九世紀歐洲的個人主義的精華」。**❹❞**在胡適的詮釋下，「易卜生主義」的中心思想在於「把你自己這塊材料鑄造成器」。**❹❶**這個核心陳述包含著兩層意義：一是「自己」，一是「成器」。「自己」是社會中一個個不同的、自主的個己；「成器」則是每一個己都獨立養成心智成熟，能獨立判斷、行事的能力，能獨立思想，分辨宗教、道德、輿論等各種社會勢力的眞僞，更進一步「充分發達自己的天才性」，即個人按自身天賦與性向去發展自己的才能，將

---

❸❾　胡適，〈介紹我自己的思想〉，《作品集》2，頁6。

❹❞　同上。關於胡適「易卜生主義」的更詳細內容，請參閱拙著，〈五四時期知識份子對個人主義的詮釋〉，《新思潮與傳統》（臺北：時報出版公司，1995），頁13-35。

❹❶　胡適，〈易卜生主義〉，《作品集》6，頁23。

自己造成一個有判斷和行事能力的人才，「救出自己」。不管社會如何墮落下沈，「多救出一個人便是多備下一個再造社會的分子。」胡適說：

> 社會是個人組成的，多救出一個人便是多備下一個再造新社會的分子。所以孟軻說：「窮則獨善其身」，這便是易卜生所說「救出自己」的意思。這種「為我主義」其實是最有價值的利人主義。所以易卜生說：「你要想有益於社會，最妙的法子莫如把你自己這塊材料鑄造成器」。❷

胡適以個人為「再造新社會的分子」，可見他的個人主義其實以發展個人能力為主，❸並以此個人能力為社會新因不可缺少的一種來源。所以，個人雖然不可脫離社會，不可成為孤立的主體，卻也未曾在社會面前放棄自己的主動權，未嘗成為社會集體之從屬品。在社會中，既不背棄群體，又不放棄個性，既堅持小我對大我的優先性，又兼顧大我對小我之超越性，形成所謂健全的個人主義。

在近代中國個人主義發展的過程中，個人與社會的關係始終是一個論述的重心。在中國思想傳統上，個人與社會一直處在和諧調適的關係中，從孔子的仁者愛人，到王陽明的天地萬物一體之仁，再到譚嗣同無所不通的仁學，這種人我無隔的思想主軸始終屹立不搖。西方個體自由觀念則強調個人與社會（群體）之間的衝突性和對抗性，它源自西方思想傳統和 17 至 18 世紀西方歷史發展背景，配

---

❷　同上，頁24。

❸　關於這個問題，筆者已有專文論述。見同註40。

合新興中產階級向君主、貴族與國家社會要求政治、經濟與個己思想、行為自由，要求個人在法律保障下「免受限制」的自由。❹中國的歷史發展並未在事實上形成這種對抗性，雖然在結構上也同樣潛存著。梁啟超曾經敏銳地分析過這種歷史特質，他說：

> 我中國謂其無自由乎，則交通之自由，官吏不禁也；住居行動之自由，官吏不禁也；置管產業之自由，官吏不禁也；信教之自由，官吏不禁也；書信秘密之自由，官吏不禁也。凡各國憲法所定形式上之自由，幾皆有之。雖然，吾不敢謂之為自由者何也？有自由之俗，而無自由之德也。自由之德者，非他人所能予奪，乃我自得之而自享之者也。❺

通過上述對中國歷史發展的分析，梁啟超認為中國缺乏的不是個體自由而是國民力，養成國民力之精神動力則在提倡新道德——公德。他將國家社會比於父母，從而強調個人對社群有「報」的義務，凡不盡報群報國的責任者，「無論其私德上為善人為惡人，而皆為群與國之蟊賊。」❻

　　梁啟超的國民觀念本身並不等於國家主義，但他對個人與群體

---

❹　請參閱拙著，〈嚴復自由觀的三層意義〉，收入劉桂生等編，《嚴復思想新論》（北京：清華大學出版社，1999），頁81。

❺　梁啟超，〈十種德性相反相成論〉，「其二：自由與制裁」，《飲冰室合集·文集五》（北京：中華書局，1996）。同一時間劉師培亦有同樣論述，他說：「試觀中國，由兩漢以迄於今，雖為專制政體，然去國都稍遠者，均為政府干涉力所弗及。」見氏著，〈無政府主義之平等觀〉，載李妙根編，《劉師培論學論政》（上海：復旦大學出版社，1990），頁389。

❻　梁啟超，〈新民說〉，「論公德」，《文集一》。

關係的闡述，容易讓人將之解釋爲具有集體主義傾向，梁氏主要論
敵章炳麟即從堅持個體自由的立場出發，闡明人之所以不能脫離社
群，完全是形勢使然，而非先天上有此義務。人俅俅而出，爲自己
而生，與社群並無先天必然之關係。設使人願意忍受離群獨處所帶
來之種種艱躓不便，穴居野處，茹毛飲血，則本無虧欠於社會，社
會自亦無權要求個人盡何義務。個人願對他人表示同情，施以博愛，
乃基於個人自主之道德意願，但絕非一種人人必須如此的道德義務。
他說：

> 若其以世界爲本根，以陵借個人之自主，其束縛人亦與言天
> 理者相若。彼其言曰：不與社會相扶助者，是違公理；隱遁
> 者，是違公理；自裁者，是違公理。……蓋人者，委蛻遺形，
> 倏然裸胸而出，要爲生氣所流，機械所制；非爲世界而生，
> 非爲社會而生，非爲國家而生，非互爲他人而生。故人對于
> 世界、社會、國家，與其對于他人，本無責任，責任者，後
> 起之事……然則人倫相處，以無害爲其限界，過此以往，則
> 巨人長德所爲，不得責人以必應爲此。❹

在梁啓超與章炳麟看似兩極化的立論中，胡適在近代思想史上
所呈現的，是一套介乎在兩者之間的、不完全強調社會優先亦不完
全傾向個人優先的中性自由觀思想。這種思想，不像梁氏的充滿理
想色彩，亦不如章氏的獨到深刻，然較之梁氏將社群比擬爲父母的

---

❹ 章炳麟，〈四惑論〉，見姜玢編，《章太炎文選》（上海：遠東出版社，1996），頁299-300。

「新道德」觀及章氏近於「無君無父」的虛無主義理論，都更契合中國傳統以萬物爲一體而又不失去個人主體性之自由人格精神。**❹❽**胡適說：

> 我這個現在的「小我」，對於那永遠不朽的「大我」的無窮
> 過去，須負重大的責任；對於那永遠不朽的「大我」的無窮
> 未來，也須負重大的責任。我須要時時想著，我應該如何努
> 力利用現在的「小我」，方才可以不辜（辜）負了那「大我」
> 的無窮過去，方才可以不遺害那「大我」的無窮未來？**❹❾**

梁啓超視社會爲乾天坤母，個人皆有逋負於社會而不得不報恩償債。章炳麟則視社會爲羈勒彎銜，個人必去之而後能返自然。胡適則認爲個人與社會之間有一種互爲因果的歷史關係，這種關係是平等的、連綿的、交互影響的。社會並不比個人重要，但它的確具有個人所沒有的歷史連綿性；雖然，從另一個角度看來，個人也常常能造成歷史。社會的形成，固然必需依賴個人獨立的分工合作，但無可否認，個人再如何獨立，依舊擺脫不了歷史、文化、遺傳等社會的有機影響。認清這個事實，個人便不必費神去擺脫那擺脫不了的社會，而應該積極發揮個人的主動性與創造性，將自己鑄造成器，發揮最大的影響力，在社會種下善因，讓社會在歷史長河中結出善果。

胡適「易卜生主義」反復要說明的，就是這樣一種個人主動性

---

❹❽ 關於中國傳統自由人格之問題，狄百瑞教授有扼要而具睿見之探討，見氏著，《中國的自由傳統》，李弘祺譯（香港：中文大學出版社，1986）。

❹❾ 胡適，〈不朽〉，《作品集》6，頁86-87。

的追求。胡適花了相當篇幅討論易卜生的兩齣戲劇：「國民公敵」
和「娜拉」。「國民公敵」中的斯鐸曼醫生發現鎮上觀光浴池的水
中有了傳染病菌，要求公所暫時關閉浴池整修，引起全鎮憤恨，不
准醫生報告實況。醫生歷盡艱辛找到一處會場，開會說明事實，結
果全鎮表決宣布醫生爲公敵，革職驅逐。娜拉盡家庭的「職責」對
丈夫如奴隸般侍奉主子，由丈夫代他選擇，代他思想，以此爲「神
聖責任」。最後神聖面紗揭開，娜拉選擇去盡「對自己的責任」，
努力做一個「人」。通過「易卜生主義」，胡適強調個人應該拯救
社會，以此盡對社會的最大責任；但在能夠有效有力地拯救社會之
前，個人必須「先將自己這塊材料鑄造成器」，先成爲最強有力，
因此也可能是最孤獨的人，如胡適引斯鐸曼醫生之言說：「世上最
強有力的人就是那個最孤立的人。」這樣的個人主義不必將社會置
於個人的對立面，但個人在社會中仍然是獨立甚至是孤立的人，這
就是胡適「易卜生主義」的個人主義。

第四節　物質文明與精神文明

　　胡適特別強調「成器」這個觀念，與傳統儒家強調「成德」的
人格主義（personalism）產生了微妙區別。㊿「成器」需要有知識與
技能，知識技能不是孤立在生活之外的，而正是生活中可以應付環

㊿　關於儒家「人格主義」的問題，可參閱William Theodore deBary（狄百瑞），
　　" Individualism and Humanitarianism in Late Ming Thought", in Debary, ed., *Self
　　and Society in Ming Thought* (New York: Columbia University Press, 1970),
　　pp.145-248.

境的知識技能，所以「成器」意味著要成爲對社會有用的器，可以領導社會、改革社會，甚至反抗社會，如〈易卜生主義〉所說的：「世上最強有力的人就是最孤獨的人」，但絕不可以只顧自己的清修，(51)也不可以「跳出這個社會去尋一種超出現社會的理想生活」。(52)個人「成器」的知識技能於是便必然包括杜威道德教育體系中最強調的三件事：（一）社會知識（social intelligence），使個人知道社會種種行動、組織的意義；（二）社會能力（social power），使個人知道群力之趨向及勢力；（三）社會興趣（social interests），使個人對社會事業有種種興趣。(53)

胡適認爲：「杜威把道德和社會聯在一塊兒，照他的意思，講道德離不了社會，講社會的幸福，就是講道德」，又說：「杜威腦

---

(51) 胡適說：「一般禪學家都是爲著自己的臘月二十五，始終只做個和尚」，而宋儒自范仲淹以後，「無不是從誠意、正心、修身做起，以至於齊家、治國、平天下。超度個人，不是最終目的，要以個人爲出發點，做到超度社會。」見氏著，〈中國禪學的發展〉，《作品集》24，頁103。

(52) 胡適，〈非個人主義的新生活〉，《胡適文存》一集四卷，《作品集》6，頁132。

(53) 胡適，〈杜威之道德教育〉，《新教育》1卷3期（1919：4）。此文最初在《新教育》發表時，目錄頁所載作者爲蔣夢麟，正文則未署名。同年7月6日至9日在上海《民國日報》副刊「覺悟」上轉載，則署名胡適之。《新教育》同期並有〈杜威的教育哲學〉一文，胡適在文前說明：「這一篇本是蔣夢麟先生要做的，因爲他陪杜威先生到杭州去了，我看他忙得很，所以自己效勞，做了這一篇」。以此知兩文實均出胡適手筆。此文後收入姜義華主編，《胡適學術文集·教育》（北京：中華書局，1998），頁37-43。所述杜威理論，則見於John Dewey, *Democracy and Education* (New York: Macmillan Publishing Co., 1916, 1944), p.26.

中，想著道德兩字，就想著社會的生活──現今社會的生活，不是古代社會的生活。道德的秩序，就是人生的秩序，道德的觀念，就是人生的觀念。人生以外無道德，社會以外無道德」。❺道德必須要照顧到社會的幸福，社會的幸福不能是烏托邦，不能只是離物質的「精神文明」，而必須以「現今社會的生活」爲前提。這一來，道德便是讓每一個人的生活──包括物質和精神的──都變得更合理更美好（有效應付環境）的意義指標。個人的「成器」，就涵蓋著成就這樣一種「社會的道德」的意義，能夠發揮自己天賦才能，照顧到社會的幸福。

以上所述雖然是胡適詮釋杜威道德教育的話，但也代表了胡適自己的觀點。與一般純粹翻譯不同，胡適極少從事與自身思想表達無關的客觀譯述工作。杜威著作浩如煙海，胡適選擇介紹的，都是他自己想要表述的部分，也就是說，杜威思想一旦經過胡適紹介之後，就變成了胡適思想的有機組成部分，而不再是客觀的學理翻譯。檢視胡適自身的思想，包括能力、品操、獨立、同情等因素在內的「社會的道德」，也是終其一生的價值核心。胡適自始至終鄙視印度宗教，包括中土佛教，因爲：「一般禪學家都是爲著自己的『臘月二十五』，始終只做個和尚」，北宋理學興起可算是「中國文藝復興」的起點，理學家從范仲淹以後，「無不是從誠意、正心、修身做起，以至於齊家、治國、平天下。超度個人，不是最終目的，要以個人爲出發點，做到超度社會」。❺

---

❺ 〈杜威之道德教育〉，《胡適學術文集·教育》，頁38、39。
❺ 胡適，〈中國禪學的發展〉，《作品集》24，頁103。

在 1930 年代中西文化論戰時，胡適大力抨擊固有文化，力主西化，因爲他認爲「沒有科學工業的現代文化基礎，是無法發揚什麼文化的偉大精神的」，如果沒有能力征服物質，不能提高人民的生活，則雖如《華嚴經》那樣時時刻刻惦記著人類的痛苦，發大弘願普渡眾生，結果還是做不到實際的「仁愛」。胡適說：

> 忠孝仁愛信義和平是永遠存在書本子裏的，但是因爲我們的祖宗只會把這些好聽的名詞都寫作八股文章，畫作太極圖，編作理學語錄，所以那些好聽的名詞都不能變成有作法有熱心的事實。西洋人跳出了經院時代之後，努力做征服自然的事業……科學與工業發達的自然結果是提高了人民的生活，提高了人類的幸福，提高了各個參加國家的文化。結果便是吳稚暉先生說的「總和道德叫做高明」。世間講「仁愛」的書，莫過於《華嚴經》的〈淨行品〉，那一篇妙文教人時時刻刻不可忘了人類的痛苦與缺陷……但是一個和尚的弘願，究竟能做到多少實際的「仁愛」？回頭看看那一心想征服自然的科學救世者，他們發現了一種病菌，製成了一種血清，可以救活無量數的人類，其爲「仁愛」豈不是千萬倍的偉大？❺❻

胡適並非貶抑仁愛在精神層面上的可貴性，若果不先有這樣一種精神，道德固然不可能存在，科學也永遠只是機械的科學，不會有道德的意義，這是東西方哲學家都不會否認的事，胡適自不會在這樣淺顯的層次上橫生枝節。胡適要強調的是，道德精神（心力）必須能

---

❺❻　胡適，〈再論信心與反省〉，《作品集》18，頁59-60。

夠轉化爲實際「質化」的力量（質力），變成「有作法有熱心的事實」，以仁愛心努力改革改善現生活，表現出諸如「征服自然、科學救世」等「實際的仁愛」，以達到「提高人民的生活、提高人類的幸福」之最高目的。事實上，一向以胡適爲媚洋、膚淺，攻擊胡適不遺餘力的近代新儒家，當面對仁愛心與實際仁愛功效的問題時，看法卻跟胡適相似得令人驚奇。如牟宗三先生說：

> 講良知、講道德，乃重在存心、動機之善，然有一好的動機卻無知識，則此道德上好的動機亦無法表達出來。所以，良知、道德的動機在本質上即要求知識作爲傳達的一種工具。例如，見人重病哀號，有好心救之，然卻束手無策，空有存心何用？要有辦法，就得有知識。所以有人說西醫中發明麻醉藥者爲大菩薩。菩薩講慈悲，然若只是空講慈悲，又有何用？發明麻醉藥，使用減少痛苦，不是大慈大悲的菩薩嗎？所以，不論佛教表現慈悲、或是儒家表現道德動機，要想貫徹其內在的目的，都得要求科學，肯定科學。❼

這段話無論在觀念、論證方式或用語上，都跟胡適主張實際仁愛的意思一樣，甚至連舉的例證都差不多相同。由此可見，將動機層次的仁愛心落實爲事業層次的實際仁愛，是儒家或中國文化不得不走的近代化之路。而要造成實際仁愛，便必須重視科學和物質建設。對胡適而言，一個社會在能力上不能解決每天都要面對的交通問題，

---

❼ 牟宗三，〈從儒家的當前使命說中國文化的現代意義〉，載《道德理想的重建》（北京：中國廣播電視出版社，1997）。

要長期大量依賴人力車，坐在人力車上而安之若素，不急謀改進替代之道，則儘管確有發大宏願要普救世人，儘管講明心見性，這個社會還是不能稱作道德的。充實物質，改造環境，變革制度，謀普通人一般生活之幸福，這才是「充分社會化了的新宗教與新道德」。胡適說：

> 人力車代表的文明就是那用人作牛馬的文明。摩托車代表的文明就是用人的心思才智製出機械來代替人力的文明。把人作牛馬看待，無論如何，夠不上叫做精神文明。用人的智慧造出機械來，減少人類的苦痛，便利人類的交通，增加人類的幸福——這種文明卻含有不少的理想主義，含有不少的精神文明的可能性。

又說：

> 這一系（按指西方）的文明建築在「求人生幸福」的基礎之上，確然替人類增進了不少的物質上的享受；然而他也確然很能滿足人類精神上的要求。他在理智的方面，用精密的方法，繼續不斷地尋求真理，探索自然界無窮的祕密。他在宗教道德方面，……努力建設「人的樂國」、「人世的天堂」，丟開了那自稱個人靈魂的超拔，盡量用人的新想像力和新智力去推行那充分社會化了的新宗教與新道德，努力謀人類最大多數的最大幸福。㊽

㊽　分見胡適，〈漫遊的感想〉，《作品集》2，頁118。及胡適，〈我們對於西洋近代文明的態度〉，《作品集》2，頁112-113。

胡適不贊同梁漱溟（1893-1988）將西方文明劃入物質文明而將東方文明稱爲精神文明的做法，因爲在他的觀念中，精神與物質必須互爲根柢，若只有好的觀念而在實際行事中卻明顯照顧不到，則此「精神」便是不全或不誠的，而此所謂「精神文明」亦自不能成立。理學中的天地萬物一體之仁自然是好的觀念，但這樣一種超越的仁的觀念卻並未注意到現實生活中婦女纏足的慘無人道，八百年來，對此一極粗淺的生理層級之虐待行爲的批判，乃幾不可聞。最強的一個批判信號，發自《鏡花緣》的作者李汝珍，卻並非程朱陸王門牆中人，不是專講明心見性的。纏足以外，若「太監」、「姨太太」、「地獄活現的監獄」、「板子夾棍的法庭」等，也從來沒有人以其不符仁愛精神而提出改革要求，照胡適看來，這樣的仁愛便顯得不夠實際，不配稱精神文明。❺❾

　　胡適的論證方法無疑存在著重大缺陷，他沒有注意到不同文化的典範性和軸向性，甚至沒有區分大傳統和小傳統，用林毓生教授的話來說，是將問題簡單化和膚淺化了。❻⓪不過，撇開對傳統文化合理性之論證的問題不談，而將這種論述視爲胡適個人道德觀、文

---

❺❾　胡適這方面的言論頗多，主要可見其〈我們對於西洋近代文明的態度〉、〈漫遊的感想〉、〈請大家來照照鏡子〉、〈信心與反省〉等文。章太炎從另一個角度來觀察中國的司法制度，認爲那裏面含有合理的社會主義思想，他說：「東漢定律，直到如今，沒有罰錢贖罪的事，……任你有陶朱、猗頓的家財，到得受刑，總與貧人一樣。」儘管如此，章氏也承認，中國法律「近於酷烈」。見氏著，〈東京留學生歡迎會演說錄〉，姜玢編，《章太炎文選》（上海：遠東出版社，1996），頁146。

❻⓪　Lin Yü-shen, *The Crisis of Chinese Consciousness* (Madison: University of Wisconsin Press, 1979).

化觀的建構時，我們發現，胡適的建構本身有其可以卓然成立的論點和相當豐厚的思想史淵源。

第五節　實際的仁愛

從明中葉以來，思想界逐漸修正了過去將物質生活與純粹道德視同敵國的態度，情、欲、私、身、利等概念均獲重新定位，視為人倫日用中正當自然的動力。❻王陽明高弟王畿（龍溪，1498-1583）強調「學不足以經世，非儒也」，在明心見性的同時，突出了儒學「用」的特質，即體即用，道事不離，將現成良知與經世日用融為一體，避免道德脫離生活人情而成為虛懸的標的。❻這之後，王學中具有革新開創精神的鉅子如顏鈞（山農，1504-1596）、羅汝芳（近溪，1515-1588）、何心隱（1517-1579）、李贄（卓吾，1527-1602）等都反對道德的孤離與壓抑，主張天理中不能漠視情欲與物欲基礎，如飲食男女、田土積蓄等，李贄在〈答耿司寇〉書中充份發揮了這個新命題，他說：

> 每思公之所以執迷不返者，其病在多欲。古人無他巧妙，直以寡欲為養心之功，誠有味也。公今既宗孔子矣，又欲兼通諸聖之長：又欲清、又欲任、又欲和。既於聖人之所以繼往

❻　參見溝口雄三，《中國前近代思想の屈曲と展開》（東京：東京大學出版社，1980）；又〈中國にける公・私概念の展開〉，《思想》669號（東京：岩波書店，1980：3），頁19-38；又〈中國の公・私〉，《文學》卷36（東京：岩波書店，1988：9），頁73-84。

❻　參見拙著，〈良知與經世——從王龍溪良知經世思想看晚明王學的真貌〉，收入《張以仁先生七秩壽慶論文集》（臺北：學生書局，1999），頁957-990。

開來者，無日夜而不發揮，又於世上之所以光前裕後者，無
時刻而不繫念。又以世人之念爲俗念，又欲時時蓋覆，又單
顯出繼往開來不容已本心以示於人。分明貪高位厚祿之足以
尊顯也，三品二品之足以襃寵父祖二親也，此公之眞不容已
處也，是正念也，卻回護之曰：『我爲堯舜君民而出也，吾
以先知先覺自任而出也。』是又欲蓋覆此欲也，非公不容己
之眞本心也。㊻

李贄以「欲兼通諸聖之長」爲多欲，以「世人之念」爲眞不容己的
本心正念，因此他所說的寡欲，其實就是順守自然本欲之意。以自
然本欲而言，欲清欲任與欲厚祿尊顯，都是眞的欲，所以只能寡而
不能無，可修身而不可制欲。㊼離開了欲，理就不「眞」，就流入
孤懸虛寂，成了虛理而不是眞實可循的人之理。清初王夫之強調道
只是「人之道」、「器之道」，主張理存乎欲；㊽顏元以正德、利
用、厚生等「三事」爲聖學原初內容；㊾至乾嘉，戴震乃直言宋儒

<hr>

㊻　李贄，〈答耿司寇〉，《焚書》卷一，《李贄文集》（北京：燕山出版社，
　　1998），頁54-55。
㊼　「寡欲」之說亦見於何心隱，理念與李贄同，如〈寡欲〉篇說：「凡欲所
　　欲而若有所發，發以中也，自不偏乎欲於欲之多也，非寡欲乎？寡欲，以
　　盡性也。」見《何心隱集》（北京：中華書局，1960），頁40。「欲不可
　　制」觀點闡明於顏鈞，《明儒學案》卷三十四「泰州學案」三說：「先生
　　（羅汝芳）自述其不動心於生死得失之故，山農曰：『是制欲，非體仁也』」。
㊽　王夫之《周易外傳》卷五說：「天下惟器而已矣，道者器之道，器者不可
　　謂之道之器也。」
㊾　顏元說：「唐虞之世，學治俱在六府三事，外六府三事而別有學術，便是
　　異端。」見《言行錄》「世情」第十七。又說：「故正德、利用、厚生三
　　事，不見諸事，非德、非用、非生也。」

所言天理都只是個人意見，真正的理只能在人的共同情欲基礎上推求，所謂「物者，事也，語其事，不出乎日用飲食而已矣。舍是而言理，非古聖賢所謂理也。」❻又說：「聖賢之道德即行事，老釋乃別有心所獨得之道德。」❻確立了重視道德之物質基礎的清儒新義理學。❻

胡適對泰州學派、顏李學派和戴震的義理思想都能欣賞，他曾說：「泰州一派最有趣」，肯定這一派的重身思想；❼又有專著討論顏李學派和戴震哲學，闡揚這兩派思想中以事為情欲為基礎的新義理觀。❼從清初顏李學派到戴震再到凌廷堪（1722-1809）、阮元（1764-1849）、焦循（1763-1820）等戴學後勁，清儒在理論上逐步擺脫了宋明理學中以道德形上學或道德動機為主的學術論域，另行建構出社會哲學的新論題。❼具有普遍社會基礎的公欲公利，從過去道德座標的負面移向正面，最後在戴震哲學中取得中心位置，「達情遂欲」成為道德的最高目的，而「情之不爽失」則成為理之檢定

---

❻　戴震，《孟子字義疏證》卷上，「理」字第3條。

❻　戴震，《孟子私淑錄》，《戴震全書》（合肥：黃山書社，1995）六，頁74。

❻　日本學者稱此一系列的思想為「唯物主義哲學」，見村瀨裕也，《戴震的哲學：唯物主義和道德價值》，王守華等譯（濟南：山東人民出版社，1995）。筆者認為使用「道德的物質基礎」此一概念可能更切合事實。

❼　《胡適的日記》，民國十一年六月廿三日（北京：中華書局，1985）。

❼　見胡適，《戴東原的哲學》、〈戴東原在中國哲學史上的位置〉、〈幾個反理學的思想家〉、〈顏李學派的程廷祚〉、〈北京大學新印程廷祚青溪全集序〉、〈顏習齋哲學及其與程朱陸王的異同〉等著作。

❼　關於社會哲學的概念討論，可參閱Elmer H. Barnes and Howard Becker, *Social Thought from Lore to Science* (New York: D. C. Heath & Co., 1938), 2 vols.

標準。❻但儘管「欲」在社會哲學中具有如劉述先教授所說的「首出」的地位，戴震及其後學，卻並沒有對「遂欲」或欲的滿足這個根本性的問題，作過必要的闡釋或探討，只以「饑寒號呼，男女哀怨，以至垂死冀生，無非人欲」等語略略帶過。❼如饑寒號呼這類的基本生存之欲，與朱熹所說的「夏葛冬裘，渴飲飢食」等亦是天理自然之欲相較，並無不同，戴震用來動搖程朱哲學基礎的欲的體系，顯然不可能只是這些處在無爭議層次的欲。欲作為一種對道德倫理之物質基礎的需求，它應該不止是生存之欲的消極滿足，而是構成社會總的建設之積極動力。這個問題，到康有為之前的清代社會哲學都留下了空白，康有為、譚嗣同曾企圖以類似樂利主義之精神提出議題，❼卻未開展理論。作為一種社會哲學，道德與物質基礎之間，其關係究應如何建立，此一無法迴避之問題，便有待胡適去處理了。

胡適推崇杜威「講道德離不了社會，講社會的幸福，就是講道德」的「充分社會化了」的「新道德」，認為道德只在「現今社會的生活」之內才有意義。這種顯然屬於社會哲學的倫理觀點，貫徹

---

❻ 見拙著，〈戴震義理學中情欲的社會基礎與驗證〉，中央研究院中國文哲研究所舉辦「乾嘉學者之義理學第二次研討會會議」論文，2000：1：6。

❼ 戴震，《孟子字義疏證》卷下，「權」字條。

❼ 參閱蕭公權，《康有為思想研究》，汪榮祖譯（臺北：聯經出版社，1987），第二、四章。又章炳麟不滿傳統節儉之德，稱為儒者之吝，則亦重視物質生活者也。其言曰：「大抵儒之吝者，皆雜有墨家之風。……唯孟荀時，儒頗閎大，多不吝嗇，以後之儒，則似不然。范文正、顧亭林則出泥不染，可法也。」見章氏演講〈儒家之利病〉，載姚奠中、董國炎著，《章太炎學術年譜》（太原：山西古籍出版社，1996），頁446-448。

在胡適一生的言行中。1942 年胡適以英文發表"Chinese Thought"（〈中國思想史綱要〉）一文，認為古典中國的思想都是帶著人文主義精神的，他解釋這種人文主義形成的原因說：

> 其所以成為人文主義的，是為了它始終而且明顯的注意人類的生活，以及人類的社會。……中國古典時期的思想家，主要的是道德哲學家、教育哲學家、社會哲學家以及政治哲學家。
>
> 中國反抗佛教的最大代表，及大聲疾呼得最厲害的領袖，是韓愈。他指出過，中國思想的最高理想，是說一切的個人道德及理智培養，必須有一個社會目的，而這個目的呢，就是齊家、治國、平天下。所有一切志在由苦行及逃世以自救的個人教育，都是反社會的，因之也是非中國的。❼

胡適以「人類的生活」和「人類的社會」為哲學關懷的最終對象，從而排拒了宗教性和形上性的冥想，他攻擊帶有禪佛內涵的宋明心性哲學，也不欣賞與心性哲學接近的西方康德一系的哲思。在他筆下，韓愈（768-824）的最高理想變成了「一切的個人道德及理智培養必須有一個社會目的」，這當然不是韓愈思想中本有的概念，韓愈自己從來不曾有過個人道德必須有社會目的這樣一種概念表述，

---

❼　Hu Shih, "Chinese Thought", *Asia Magazine*, vol.42, no.10 (oct.,1942), pp.582-584。後收入Harley F. MacNair, ed., *China* (Barkeley, University of California Press, 1946), pp.221-230。此文1943年2月由冷觀譯為中文，題為〈中國思想史綱要〉，收入《胡適學術文集·中國哲學史》上冊，引文分見頁516及519。英文原文亦見周質平編，《胡適英文文存》。

這是胡適自己的概念表述通過對韓愈的詮釋而完成，表明了胡適本人的價值理念及其思想建構的企圖。基於這個原故，胡適反對任何形式離開社會的個人自我道德完成。對禪佛是這種態度，對心性哲學也是這種態度。1920 年代初周作人（1885-1967）推行的新村運動風靡一時，知識青年如毛澤東等都嚮往這種無人我無階級的社會主義烏托邦，❼❼胡適卻堅執反對，理由是新村運動教人「不滿意於現社會，又無可如何，只想跳出這個社會去尋一種超出現社會的理想生活」，是「獨善的個人主義」，「實同山林隱逸的生活是根本相同的」。❼❽

將道德定位在追求社會生活之整體幸福此一層次，而社會幸福則視乎人之共通性情欲（即〈樂記〉所謂「性之欲」）是否普遍達遂。在這樣一種倫理觀的架構下，胡適才能義無反顧地宣揚「科學」與「征服物質」，大聲疾呼要人「全心全意現代化」。耿雲志教授說，1923年以後，胡適是中西文化論戰中西化派「無可替代和無人比肩的領袖」，❼❾這當然是歷史事實，但西化並不等於有些學者說的「全盤性反傳統」，胡適「西化」的內涵主要是「科學」和「物質」，如

---

❼❼　參閱拙著，〈中國近代新村運動及其與日本的關係〉，《新思潮與傳統》第六章，頁203-234。

❼❽　胡適，〈非個人主義的新生活〉，《作品集》6，頁134-135。

❼❾　耿雲志，〈論胡適的文化心態形成的背景及其特點〉，見劉青峰編，《胡適與現代中國文化轉型》（香港：中文大學出版社，1994），頁292。耿先生的「西化」顯然是一個柔性的用法，如果硬性地照字面解釋，則當時真正的西化論者並不承認胡適的代表地位。如陳序經說：「胡先生所說的西化，不外是部分西化，非全盤的西化。」見氏著，《中國文化的出路》第5章（上海：1934）。

前所說，這其實也是明清以降中國近代思想的主要特徵，並不全然是西化。而胡適的目的並不在否定中國傳統文化，而是否定將人當作牛馬的「人力車文化」。只要社會生活中實際存在著人力車一類的文化叢，則書本上的仁愛便始終不曾質化為「實際的仁愛」，用實驗主義另一位大師詹姆士的理論來說，這真理沒能「兌現」，於人生實際上未產生影響，所以是假的「真理」。⑩必須合理照顧社會普遍之物質生活，達情遂欲，仁愛精神才能真正體現，合物質與精神之社會總和文化方能臻於高明。胡適因此特別強調精神的經濟與物質基礎，視貧窮為社會性的精神罪惡，1930 年代國民政府以政治力量越過經濟物質基礎推行新生活運動時，胡適即批評說：「我們不要忘了生活的基礎是經濟的物質的，許多壞習慣都是貧窮的陋巷裏的產物。」⑪

---

⑩　詹姆士原文見William James, *Pragmatism* (New York : Paul Reynolds & Son, 1907), pp.45-58,199-202。胡適在〈實驗主義〉一文中介紹此一理論，視為實驗主義真理觀的基礎，見《作品集》4，頁71-86。因本書要論述的是胡適的思想，故引用的詹姆士理論全為胡適所陳述的語句，不作原典之直接翻譯。

詹姆士之真理觀固然會引起真理與實理之爭，但在當時也頗受推崇，如D. L. Murray在其常被引用的名著*Pragmatism*一書中，即響應說：「人生之有價值，是否僅為著哲學的玄思冥想？抑思維之有價值乃在其能助我們為生活的競爭呢？理論與實行究屬不相交通的異域否？抑理論不能應用，終究沒有什麼價值、真理，與意義呢？……實驗主義不是思想歷史的極點與總結……是各國學者異流的思潮匯合點。」譯文引自方東美譯，《實驗主義》（臺北：仰哲出版社，1987影印），頁4。

⑪　胡適，〈為新生活運動進一解〉，《獨立評論》95號，1934：4：8。收入歐陽哲生編，《胡適文集》11（北京：北京大學出版社，1998），頁421。

　　胡適此一社會道德概念並非不重視「精神文明」，也不是不承認中國傳統文化中有深厚的精神文明。他要強調的是：精神不應離開物質生活基礎成為懸空孤絕的價值，而必須在物質基礎上與「物質文明」同時呈現。否則此精神便是寂滅的，而非仁愛的，是印度的，而非中國的。也因此，東西方文明並不能被二分為「精神」和「物質」，無論在遠東在泰西，追求人生幸福或者說以體現仁愛為標的的文明，都是兼具精神性與物質性的，是可合而不可分的。當時很多人將科學、技術劃入物質文明，胡適對此力表反對，他認為，「賞識科學和技術絕不是唯物的，乃是高度理想主義的，乃是高度精神的。」⑧這所謂高度精神，自然是合物質而非隔絕於物質之外的精神。這種物質與精神合一性的陳述，在中國近代思想史上原是主流思潮。陽明道事不離之教或者尚帶著幾分模糊性，泰州後學強調「吃飯穿衣」便已經豎起了思想近代化的大纛。王夫之提出道器不離，理存乎欲，越過程朱陸王而直溯張載（1020-1077）氣論哲學。顏元的實學，陳確的治生，都在理存乎欲的前提下，豐富了氣論哲學的社會性意涵。到戴震以情之不爽失者為理，以達情遂欲為聖王行事之最高原則，從思想高度肯定了百姓普遍情欲與物質生活要求的必要性和合理性。胡適從杜威處借來「講道德離不了社會，講社會的幸福，就是講道德」的新道德理念，更以科學為促進人生幸福，貫徹仁愛精神的方便法門，把生活、社會、道德、科學打成一片，使物質追求與精神追求取得並生性，總名之為「實際的仁愛」，從

---

⑧　Hu Shih, "Social Changes and Science" 收入周質平編，《胡適英文文存》三。

而將明清以來要求物質與精神合一的新義理學帶入一個更新的天地。近代劉師培（1884-1919）承阮元〈論語論仁論〉餘緒，以漢儒故訓「相人耦」釋仁，謂：「人與人接，仁道乃生」，而特別強調「仁道之大，必以施之人民者爲憑」，主張「仁當就用而言，不當就體而言也」，同時批評朱熹說：「若朱子訓仁爲心德，則有體無用，雖有爲仁之心，然無益于人民。」❽劉氏一般思想行爲，與胡適素爲敵國，而其仁愛觀則可與胡適相爲知己，互相發明，蓋二氏之說，皆順應明清新義理學而來，致有此暗合。此一現象亦足以說明，追求精神與物質合一的「實際的仁愛」思想，乃是從明清以來就形成的時代潮流，胡適在五四時期成爲「時代的寵兒」，其源有自。

---

❽ 劉師培，《理學字義通釋》，「仁惠恕」條。《劉申叔遺書》上冊（南京：江蘇古籍出版社，1997），頁465-467。

第四章　胡適與禮教傳統

第一節　反禮教思想的浮現

中國傳統社會秩序的維護，除了依賴法律之外，禮是具有更根本性的綱紀，《禮記》引孔子之言曰：「為政先禮，禮也者，其為政之本歟！」❶《左傳》載子太叔引子產在更早時就說過：「夫禮，天之經也，地之義也，民之行也。」❷從自稱「王霸」雜用的漢帝國到被形容為「以理殺人」的清帝國，禮一直高踞於綱紀人倫的超法律地位，形成一種禮治秩序。乾嘉名臣兼名儒的阮元（1764-1849）便直言指出：「古今所以治天下者，禮也。」❸梁啟超將孔子政治思想概括為「倫理政治」，❹即以穩定倫理秩序（正名）為政治之首要目的甚至為其全部目的，自是的見。這樣一種思想背景在歷史現實中落實時，便形成了跨道德、政治、法律的生活秩序管束系統——禮教。

---

❶　《禮記·哀公問》。

❷　《左傳》昭公二十五年。

❸　阮元，〈書東莞陳氏學蔀通辨後〉，《揅經室續集》卷三。

❹　梁啟超，《先秦政治思想史》，《飲冰室合集·專集50》（北京：中華書局，1996）。

禮教既是道德的,又是政治和法律的,可以說是貫串中國政治、社會、文化秩序的紐帶。綜合而言,它可以上升到「經國家、定社稷」的中心地位,分析言之,它的主要效用則在「序人民、利後嗣」,《左傳》所說的:「禮,經國家,定社稷,序人民,利後嗣者也」,❺是兼含言兩層意義的對禮最簡潔完整的說明。

所謂「序人民」,就是要人各自根據自己的身份名位形成一套倫理秩序及與之相應的行為規範儀節,以「定親疏、決嫌疑、別同異、明是非。」❻最後達成「君令而不違,臣共而不貳,父慈而教,子孝而箴,兄愛而友,弟敬而順,夫和而義,妻柔而正,姑慈而從,婦聽而婉」的「禮也」狀態。❼在這樣一種差序格局中,親疏貴賤是所有身份行為的最後指標,並直接反映在不平等的法律刑責上。❽後世群起指責的儒家「階級制度」,主要係針對此一歷史背景而來。

「利後嗣」一語反映了宗法社會對家族綿延的要求,這又可分成三個重點:一、祭祀與祖先崇拜;二、婚姻與家庭;三、男女之防與貞節。三者之間又有著密切的相關性。貞節觀念過於嚴苛的部分從明以後就陸續有人提出質疑,如歸有光(1506-1571)〈貞女論〉、汪中(1744-1794)〈女子許嫁而婿死從死及守志議〉,都對明以後

---

❺　《左傳》禧公十一年。

❻　《禮記·曲禮》。

❼　《左傳》昭公二十六年。

❽　有關親疏貴賤身份在法律上刑責不同的問題,可參閱陳顧遠《中國法制史》(民國叢書);楊鴻烈,《中國法律思想史》(商務,1937),及瞿同祖《中國法律與中國社會》(臺北:里仁書局,1984)等書。

無限擴張的貞節觀念有所諟正，俞正燮〈貞女說〉甚至指出：「婦女貞烈，豈是男子榮耀也？」觀點通達處直追魯迅〈我之節烈觀〉。婚姻自由與家庭革命的呼聲在辛亥革命前十年間已經響起。❾至五四時，祭祀被視爲儒家「裝神弄鬼」的宗教行爲，祖先崇拜則是野蠻時代古宗教的遺留，❿正式展開全面性的反禮教思潮。

　　「序人民」與「利後嗣」兩組觀念，一源於封建，一源於宗法，一強調尊卑親疏之等級，一強調家族共同生活之實效，而共同構成了禮教的主要內容。秦漢以降，後起的三綱凌駕於原來合理相對的五倫關係之上，禮本身的合理性和情愛性常常被人忽視，而區分上下尊卑的「定理」和層級教條則被強調至絕對狀態。⓫原來親愛根於天性的父子關係，在「序」與「利」的要求下變得君臣化、專制化，如司馬光（1019-1086）在典型禮教教條著作《居家雜儀》中所說的：「易曰：『家人有嚴君焉』，父母之謂也。安有嚴君在上，而其下敢直行自恣不顧者乎？」⓬以父母爲嚴君，要求「號令出於

---

❾　胡適，《中國古代哲學史》（原名《中國哲學史大綱卷上》）第五篇，《胡適作品集》31（臺北：遠流出版公司，1988，三版，以下簡稱《作品集》）。

❿　周作人，〈祖先崇拜〉，《談虎集》下，《周作人全集》（臺北：藍燈）。

⓫　參考拙著，〈傳統禮治秩序與五四反禮教思潮〉，第二節。《漢學研究》九卷一號（1991：6）。收入拙著，《新思潮與傳統》（臺北：時報出版公司，1995）。

⓬　見《司馬氏書儀》，商務印書館《叢書集成初編》，頁四十一。此爲司馬光《居家雜儀》所述：「凡諸卑幼，事毋大小，毋得專行，必咨稟於家長」一語之自注。宋代另一位理學權威程頤也說：「雖一家之小，無尊嚴則孝敬衰，無君長則法度廢。有嚴君而後家道正。」見《周易程氏傳》卷三「家人」條。

一人」，⓭將父（母）子關係置於君臣尊卑從順關係的規範中，化倫爲綱，演成如後來筆名「家庭立憲者」所描述的家庭專制情形：

> 今吾中國普遍社會之家督，其權力如第二之君主。……欲革政治之命者，必先革家族之命，以其家庭有專制也。⓮

以父母爲嚴君的家庭專制原理應用在男女關係上，夫權便同家長權一起膨脹，致夫婦關係常被比擬爲君臣關係，婦須從一守節，正如臣當從一盡忠。司馬光曰：

> 天地設位，聖人則之，以制禮立法：內有夫婦，外有君臣。婦之從夫，終身不改；臣之事君，有死無二。此人道之大倫也，苟惑廢之，亂莫大焉。⓯

貞一從夫，寧餓死而不得失節，成爲婦女界單行道德，對此，嚴復在譯孟德斯鳩《法意》時言之甚切：

> 己則不義，而責事己者以貞；己之妾媵列屋閒居，而女子其夫既亡，雖恩不足戀，貧不足存，甚或子女親戚皆不存，而其身猶不可以再嫁。⓰

嚴復以此爲「人道之最苦」，斷言「過三十年而不大變者，雖抶吾

⓭　同上，《居家雜儀》。

⓮　家庭立憲者，〈家庭革命說〉，收入張枏、王忍之編，《辛亥革命前十年間時論選集》。

⓯　司馬光，《資治通鑑》卷二九一贊語。

⓰　嚴譯《法意》第廿六章案語，《嚴譯名著叢刊》（上海商務印書館，1931）。

眼，拔吾舌可也。」

　　禮教以嚴君統治的方式管治家庭，再擴及於族人，形成了嚴密的基層禮治秩序。在這個秩序最上層的，是君、父、夫三綱籠罩下的名份等差制度，下面是同居共財、號令聽於家長族長的大家族制度，再下面則是無自主權的婚姻，以及無自主人格卻有額外道德義務的婦女。一直到清政府解體前夕，中央皇朝在政治上已不能不作出某種程度的讓步，如「預備立憲」之類，但在禮教或稱政教風俗問題上，則仍緊抱吾道一以貫之的心理，宣布名教綱常不容違背。光緒廿八年（1902）頒布「欽定京師大學堂章程」全學綱領第三節云：

> 中國政教風俗亦自有所以立國之本。所有學堂人等……有明倡異說，干犯國憲，及與名教綱常顯相違背者，查有實據，輕則斥退，重則究辦。**⓱**

　　光緒三十二年（1906）學部「奏請宣示教育宗旨折」中首先提出「忠君」、「尊孔」兩大教育原則，以爲是「中國政教之所固有；而亟宜發明以距異說者」，**⓲**與此教育原則配合的，則是在各級學堂中，規定以經學爲必修課目；經學之外，更有「修身倫理」課程，以朱子《小學》一書爲標準，重新編纂教材。**⓳**

　　對婦女解放與婦女教育問題，清廷的態度是中國此時「斷不相

⓱　見舒新城，《中國近代教育史資料》（北京：人民教育出版社，1961）中冊，頁550。
⓲　見前揭書，上冊，頁220。
⓳　光緒三十年「大學堂編書處章程」，見前揭書，頁357。

宜」設立女學，而只能在「蒙養教育」或「家庭教育」中附帶進行
「女教」，具體辦法則是令各省學堂將《孝經》、《四書》、《列
女傳》、《女誡》、《女訓》及《教女遺規》等書，分別次序淺深，
明白注解說明後，「每家散給一本」，在家庭中進行「爲女爲婦爲
母之道」的教育，因爲：

> 所謂（女）教者，教以爲女爲婦爲母之道也。惟中國男女之辨
> 甚謹，少年女子斷不宜令其結隊入學，遊行街市，且不宜多
> 讀西書，誤學外國習俗，致開自行擇配之漸，長蔑視父母夫
> 婿之風，故女子只可於家庭教之。……令其能識應用之文字，
> 通解家庭應用之書算物理、及婦職應用之道，女工應爲之事，
> 足以持家教子而已。❷⓪

光緒三十三年（1907）朝廷在時代壓力下不得不開辦女學，但仍然
在女子小學堂章程中強調：「中國女德，歷代崇重，今教育女兒，
首當注重於此，總期不悖中國懿嫕之禮教，不染末俗放縱之僻習。」
❷①在女子師範學堂章程中則規定：

> 凡爲女、爲婦、爲母之道，徵諸經典史冊，先儒著述，歷歷
> 可據。今教女子師範生，首宜注重於此，務時勉以貞靜、順
> 良、慈淑、端儉諸美德，總期不背中國向來之禮教與懿嫕之
> 習俗。其一切放縱自由之僻說（如不謹男女之辨，及自行擇配，或

---

❷⓪ 光緒廿九年學部「奏定蒙養院章程及家庭教育法章程」，前揭書第385-388
頁。

❷① 學部「奏定女子小學堂章程」第二章第四節。前揭書下冊，頁801。

爲政治上之集會演說等事），務須嚴切屏除，以維風化。❷❷

從朝廷欽定的大學堂章程到學部奏定的小學堂或女子小學堂章程，莫不將名教綱常與女教視爲必須維護的立國根本，將西方自由、平等的新價值觀，理解爲「放縱」、「不謹男女之辨」、「蔑視父母夫婿之風」而加以拒斥。這種將固有道統與政統視爲生命共同體，甚至以道統爲政統之神聖來源的價值觀點，使清政府及效忠於政統的士大夫群（包含地方士紳），對當時日益迫切的社會變遷要求無法有效應付。於是，已暴露在西方新價值觀映照下的傳統禮教，更成爲新知識分子檢討、批評的明顯目標。從戊戌變法到辛亥革命期間，有人宣揚「三綱革命」，有人鼓吹「家庭革命」，更多的是提倡婦女解放、婚姻自主、和反「奴隸道德」的聲音。❷❸換言之，傳統禮教中幾個主要的環節，在當時都被視爲民族革新之障礙而受到攻擊。保守的翻譯家林紓（1852-1924）早在一九〇五年就發出這樣的感慨：

---

❷❷　「奏定女子師範學堂章程」第二章第三節，前揭書頁812。

❷❸　李石曾著有〈三綱革命〉一文（署名「眞」），家庭立憲者著有〈家庭革命說〉，丁初我著〈女子家庭革命說〉，均見張枬、王忍之編，《辛亥革命前十年間時論選集》。在此之前，譚嗣同在《仁學》中對三綱已有極勇猛徹底之批評。麥孟華〈說奴隸〉一文，直指三綱說爲奴隸的木本水源，見《清議報全編》卷二。婦女解放、婚姻自主、反奴隸道德等問題，是當時《清議報》、《女子世界》、《江蘇》、《國民日日報匯編》等刊物不停出現的主題，在上述張、王所編書中也有充分討論。一八九〇年的義和團之亂，使傳統文化受到知識界強烈質疑，成爲中國文明全面性轉化之發端，詳見Mary Wright, ed., *China in Revolution*, (New Haven and Londen: Yale University Press, 1968)，序言部分。

一時議論方欲廢黜三綱，夷君臣，平父子，廣其自由之塗轍。❷❹

從「一時議論」四個字看起來，似乎反禮教已形成一股頗受注意的思潮。但到底這股思潮的力量有多大，卻缺乏足資論證的依據。❷❺畢竟，林琴南先生是一位老式文士，用字並不科學。而相當多的資料顯示，即使在革命陣營中，知識份子對待上述禮教內容的態度即殊不一致。如擁有社員數百人、號稱為革命陣營中最大文學團體的南社，其骨幹份子如柳亞子、寧調元、高旭等，仍時有歌頌孝子割股或節婦貞女的詩文發表。❷❻晚清小說家頗多言婚姻自由，❷❼但在其他禮教內容上則未見有同等表現。可見在辛亥革命時期，思想界在對待禮教問題上，雖已響起了自由解放的號角，但仍缺乏一套具普遍性的新價值評判標準。這情形自然令有心之士感到不安。在陳獨秀創辦《新青年》的一九一五年，惲鐵憔——清末民初新小說運動的一名主將——就深深感到思想界樹立新評判標準問題的緊迫性，他在

---

❷❹ 林紓，〈美洲童子萬里尋親記序〉，見陳平原、夏曉虹編，《二十世紀中國小說理論資料第一卷》（北京：北京大學出版社，1989），頁140。

❷❺ 蔡尚思先生認為反禮教思潮早在辛亥時期就已成為當時的中心思想，但蔡先生除了引證一些零星的言論外，也並未提出有力證據。可參閱氏著，〈辛亥革命時期的新思潮運動〉，收入蔡尚思等著，《論清末民初中國社會》（上海：復旦大學出版社，1983）。

❷❻ 關於此一問題，余另著有〈在革命與傳統之間——南社文人的前進與保守〉一文，作專題探討。文尚未發表。

❷❼ 如《小說林》第一期（1907年）黃摩西的〈發刊詞〉云：「花園雪服，賀自由之結婚。」第九期署名「蠻」的〈小說小話〉：「婚姻自由，破家庭之專制也。」《歷代小說史論》：「知古哲人之所以作小說者，蓋有三因……三曰，哀婚姻之不自由。」

困惑混亂中問出這樣的問題：

> 泰西人人各有其信仰中心點，不如吾國之杌隉無定也。譬之
> 結婚，自由乎？父母命乎？或曰自由，或曰否，皆言之成理，
> 吾將孰爲彰瘅？吾其揆之情理，就吾心所安者爲言乎？然吾
> 之所謂安，果天下人所謂安耶？藉曰其然，果可自信焉否耶？
> 昔在定哀之際，舉世失其信仰中心點，孔子乃作《春秋》，
> 或褒或貶，爲世標準，天下翕然用以折衷，此孔子所以爲聖。
> 小說雖細，要不能無是非之心，安得今世之《春秋》爲吾儕
> 標準耶？惝恍失據，終不可歟？❷❽

惲鐵樵希望有一部新的《春秋》出來作爲是非判斷的標準，解決民
族的價值與道德危機。《春秋》自然是作不出來的，倒是在三個月
後出現了《新青年》，趁著傳統價值動搖的時機大聲疾呼「重新估
定一切價值」。《新青年》以反對政治專制的理由反對忠君，又以
反對思想專制理由反對尊孔，以自由、民主、平等、尊重個性爲建
立新價值體系的基礎，並努力嘗試用科學理性作爲檢查價值體系是
否合理的標準。傳統禮教所賴以建構的三綱倫理、家庭專制、家族
取向式婚姻、以及女教等，在新價值體系對比下一一崩解，反禮教
已不是革命的附庸，也不是對婦女簡單的悲憫主義，而成了建構新
思想體系的必要手段。

---

❷❽　惲鐵樵，〈論言情小說撰不如譯〉，《小說月報》一九一五年第六、七月
　　號。陳獨秀創辦《新青年》在該年九月。

第二節　儒學性質的分析

　　禮教問題首先是尊孔的問題。禮是儒家理想中維護政治社會秩序的方法，主張禮治必先認同儒教，在形式上尤須表示尊孔，實行祀孔大典。民國成立的第三年，國家政治會議議決祀孔典禮，袁世凱以大總統名義發出尊孔令，特別強調政體與禮俗的關係，而歸本於道德即孔子之道，其言曰：

> 中國數千年來，立國根本，在於道德。凡國家政治、家庭倫紀、社會風俗，無一非先聖學說發皇流衍，是以國有治亂，運有隆替，惟此孔子之道，亙古常新，與天無極。……近自國體變更，無識之徒誤解平等自由，踰越範圍，蕩然無守，綱常淪斁，人欲橫流，幾成為土匪禽獸之國。……使數千年崇拜孔子之心理缺而弗修，其何以固道德藩籬而維持不敗？本大總統躬行重任，早作夜思，以為政體雖取革新，而禮俗要當保守。……本大總統謹率百官舉行祀孔典禮，各地方孔廟由各該長官主祀，用以表示人民，俾知國家以道德為重，群相興感，潛移默化，治進大同。㉙

袁世凱希望通過尊孔來恢復禮治秩序，以舊禮教填塞新政體，所謂「政體雖取革新，而禮俗要當保守」，與康有為的孔教會形成一種表面上的上下呼應之局。陳獨秀在《新青年》創刊號所謂：「今日

㉙　胡適，《胡適留學日記》（二）引，《作品集》35，頁211-212。袁世凱原令稱〈祭孔告令〉，見《政府公報》，1914：9：26。

之社會制度人心思想……尊儒重道，名教之所昭垂，人心之所祈向，無一不與社會現象生活背道而馳。」⓾所指陳的正是這種「禮俗要當保守」的心理與行爲。針對此一現象，陳獨秀提出孔子禮教專屬於「封建時代」的論斷，認爲儒家禮教中的綱常道德、家庭本位精神、男女關係、婦女生活等，都與人格獨立的現代精神相牴觸，不能不先破除。他進一步宣布，道德問題與尊孔問題無關，像守舊派對當時人心風俗所指責的「君不忠、子不孝、男不尊經、女不守節」等，都只是不尊孔，而不是不道德。⓫

　　陳獨秀的言論中其實還須經過一層史實和論理問題的思辨。第一，陳氏視禮教爲一不變不動的整體，由孔子時代一直沿襲至近世，忘記了孔子並不能制禮作樂，現有禮教乃是歷史合成的而非天才制成的；也忽略了秦漢之間禮法合流，禮已非醇儒之禮的重要史實。宋代朱熹就已感歎：「遭秦滅學，禮最先壞，由漢以來，諸儒繼出，稍稍綴緝，僅存一二。」⓬朱熹被視爲禮教家的代表，而其言如此。陳獨秀對這些具體的歷史眞相顯然全未措意。其次，家庭本位是否眞與現代生活相牴觸？依黑格爾一派的「現代」哲學（陳氏思想應屬於這一派），獨立的國家位於獨立的個人之上（請參閱註解 80），則以中國哲學中道德價値中心的家（姑設是），取代德意志哲學中道德價値中心的國，又有何不可？何以見得家一定是宗法封建的，而「軍國」

⓾　陳獨秀，〈敬告青年〉，《新青年》一卷一號（上海：亞東圖書館，1935年重印本）。

⓫　此段大意主要根據陳獨秀〈孔子之道與現代生活〉一文，《新青年》二卷四號。

⓬　朱熹，〈跋古今家祭禮〉，《朱文公文集》卷八十一。

則是現代的？❸如果家庭本位並不全然違反「現代」精神，如同當時新知識界普遍認同的國家本位一樣，則禮教中的這一重要部分是否能繼續作爲中國的「立國精神」而存在？日本學者島田虔次，美國學者狄百瑞（William T. deBary）等均已充分論證，明代陽明學中實含有堅實的個人主義（individualism）或人格個人主義（personalism）思想。❸而在陽明學中，獨立的個人（中國定義的）與家庭之間並不相悖。這問題值得深思。第三，忠、孝、節等名詞作爲陳獨秀所指責的禮教內容，即三綱規範下對君絕對的忠，對父絕對的孝，及女子僅據名份而來的絕對的節等，自然可視爲不合理及與現代生活不相應的陳舊道德。但這些內容是否眞正的孔子之教？若孔子之教不是三綱而是合理的忠孝節等倫理道德，則現代人如何能贊同不忠、不孝、不守節此一道德表述方式？孔子作爲一種歷史表徵，又爲何不能作爲一種民族文化表徵，由國家規定祀孔典禮？這些問題，陳獨秀似乎從未認眞思考過，他提出了人格獨立的觀念作爲「現代生活」的表徵，很可以開展一套理論，但是，理論卻始終未曾開展。胡適，雖然有時也未免輕斷、草率，卻是一直都有作這方面的思考。

　　一九一四年胡適在美國康乃爾大學留學期間，知道康有爲等人正大力提倡以孔教爲國教，他並不忙著爲文駁斥，卻在給他的朋友許怡蓀的一封信上，列出了大大小小共三十九個問題，從立國須不

---

❸　當時如吳虞即大力推崇軍國主義，認爲中國早應由封建進入「軍國」。

❸　島田虔次之說可參見氏著《朱子學と陽明學》（東京：岩波書店，1967），狄百瑞有《中國的自由傳統》（李弘祺譯）（香港：香港中文大學出版社，1986）等書。

須要宗教開始，到有什麼可以取代宗教？這些問題，他「亦不能自行解決也，錄之供後日研思」。在孔教本身的問題上，他提出「如復興孔教，究竟何者是孔教」的疑問，所謂孔教，是根據那部經書而言？是指五經四書中之精義？三禮？中國古宗教？還是也並及宋明理學？甚至並及二千五百年之歷史習慣？如果要革新孔教，則當作學說革新或禮制革新，或二者並重？❸

　　胡適要求澄清的是，被尊或被反的孔教，到底是古代經典（有些成於孔子之前）中的精義，還是古宗教的遺留，還是孔子自己的思想，還是經後人解釋、改進的孔子思想如宋明理學，還是也包括先秦以來歷秦漢至明清的歷史習慣在內？當魯迅（周樹人，1881-1936）發表〈狂人日記〉攻擊禮教吃人時，他攻擊的其實主要是歷史習慣。當吳虞（1872-1949）在〈吃人與禮教〉等文中呼應魯迅的批判而大肆攻擊儒家「制禮之心」時，他其實是混淆了孔子基本教義與歷史習慣之間的界限。當施存統倡言「非孝」引發軒然大波時，他並未意識到自己所非的，已不止是三綱之孝，而也包括了人類合理的親情之孝。這一切，都只為少問了一個問題：到底真正的孔子之教是什麼？當孔教的內涵尚一團漆黑時，則所謂尊孔將從何尊起，反孔是反孔渣孔滓或孔精孔華？便都成為疑問了。

　　一九一六年，胡適讀到梁啟超附在《管子》一書之後的〈中國法理學發達史論〉，認為「有足取者」，同時也有所不滿。當時胡適正在哥倫比亞大學以「先秦名學史」為題撰寫博士論文，遂在日記中作成與梁氏商榷的箚記長文。❸這篇箚記大量記錄了胡適當時

❸　見《胡適留學日記》一，1914：1：23，《作品集》34，頁142-145。

❸　見《胡適留學日記》三，1916：4：13，《作品集》36，頁272-286。

對儒教的基本觀念，極富史料價值，自來研究胡適的學者似乎尚未留意及此，故這裏需要多費一點篇幅來討論。

梁啓超用法的觀念重新組織先秦儒家思想。根據《易·繫辭》：「天垂象，聖人則之」，《書·洪範》：「天乃錫禹洪範九疇，彝倫攸敘」，《詩·烝民》：「天生烝民，有物有則」等文獻資料，推論儒家法理思想屬於自然法（law of nature，或natural law），在自然法中又屬於有主宰的自然法。儘管如此，儒家亦未嘗不重視人類心理，故未演變成墨子的「天志」，而演變成孟子「心之所同然者。」「心之所同然」其實與「自然法本天」之觀念相一貫，蓋人心所同者實受之於天，故心之所同然即天之垂則也。

胡適同意儒家法理思想屬於自然法，但他認爲梁啓超未能明瞭先秦儒學中自然法與「理法」（law of reason，胡適以爲又可以譯爲「性法」）交承授受之關係。依胡適的說法，自然法是儒家最早的法理學說，以《易·繫辭》爲代表（當時胡適仍相信孔子作《易》）；《中庸》所說：「天命之謂性，率性之謂道」，是自然法到性法的過渡階段；到孟子提出「心之所同然者，謂理也，義也」，「盡其心者知其性也，知其性則知天矣」等說法，便已是「純然性法」了。故孟子代表了儒家法理觀念從自然法到理法的「進化」。❸

梁啓超又引證，儒家認爲人民之公意即是天意（天視自我民視，天聽自我民聽），所以立法之標準即在人民公意，但因爲只有聖人才能知道眞正的人民公意（民之所好好之，民之惡惡之），所以「惟聖人宜爲

---

❸　當時胡適認爲《大學》、《中庸》應該是孟子、荀子以前的「儒書」，說見胡適，《中國古代哲學史》，《作品集》31，頁247-248。

立法者也。」梁氏認為，這是儒家走上主權在君，而十七、八世紀歐洲學者走上主權在民之途的原因。但儒家主權在君的主張，最後一樣是體現人民公意，並非秦漢以後君主專制之比。

梁氏之說，未免將先秦儒學過份理想化，與其師康有為孔子託古改制之說貌離神合。先秦儒學如果已經達到類似後世歐洲君主立憲的政治思想，則儒教便只須光復，初無待於革新改造了。從康有為以來的文化保守主義者，未能將保守理論應用在現實上，反成現實進步的阻礙，多數與這種理想化情結有關。

另一方面，梁啟超「人民之真公意，惟聖人為能知之」的推論，又未免將聖人捧得太高，這樣，聖人成了人民公意的唯一體認者與代言人，非聖人均不得置喙，豈不成了個「絕地天通」的局面？這樣的一個局面，正是獨裁者賴以產生的烏托邦溫床，❸先秦儒學如果真有此主張，學說中便不免潛藏有獨裁之種籽矣。

胡適指出，儒家如孟子已經從主權在君移到主權在民，〈萬章〉篇中「堯以天下與舜，有諸？」及「至於禹而德衰，不傳於賢，而傳於子，有諸？」兩段文字，均強調「天子不能以天下與人」，而必取決於「民受之」與否，所論主權皆在民而不在君。但主權在民與立法權在民是不同的概念，未可混為一談。孟子固主張主權在民，而未嘗言立法權在民，這是歷史的限制，「不可遽責古人」。蓋吾國歷史上本無國民立法之制，在歐洲，則教會之大會議（Council），

<hr/>

❸　這個問題，Talmon言之已詳，請參看J. L. Talmon, *The Origins of Totalitarian Democracy*（N. Y.: Praeger, 1965）。比較扼要的討論則可參見Waldemar Gurian, "Totalitarianism as Political Religion," in Carl Friedrich, ed., *Totalitarianism*（N. Y.: Grosset and Dunlap, 1964）, pp.119-137.

法國自 1302 年開始之Etats-Generaux，英國的巴力門（Parliament，原意爲大會議），❸皆國民立法機關之前導，在此之前，更有希臘、羅馬之共和政治可供取法。吾國以無此背景，故孟子言民權而無所取法，未能出現民主立法之政局。

比較胡適與梁啓超討論儒家法理觀之文字，我們不能不承認，青年胡適在此一學術問題上，較之當時思想界權威之一的梁啓超，對儒學更能持一種平和客觀、實事求是的態度。他肯定儒學在歷史上的進步意義，也指出其歷史局限。胡適稍後能夠在短短幾年內取代陳獨秀新文化運動發言人的地位，固然有其客觀因素，也未嘗沒有主觀因素在內。

胡適在箚記最後劃成圖表，解釋歷史上禮治與法治錯綜複雜的關係，圖表如下：

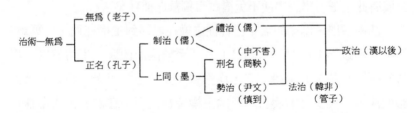

當然，圖表中所示墨子出於孔子正名思想，法家刑名、勢治兩派出於儒墨等，是較爲複雜的學術史問題，胡適所見未必具有說服

❸ 關於歐洲立法機關的簡單歷史，筆者參考的是Robert S. Hoyt, *Europe in The Middle Ages* (New York, Chicago, Burlingame: Harcourt, Brace & World, 1957), Part Five, XXIV: 66, " The Growth of Parliament in England and the Origins of Modern Representative Institutions in Western Europe ".

力，也非本文擬探討的範圍。這裏值得注意的是，胡適將先秦至漢的儒教分成了四個階段：孔子的「正名」，與墨子同時的「制治」，與戰國時申不害、商鞅同時的「禮治」，漢以後的「政治」。

關於「制治」，胡適引《左傳》載叔向所言：「先王議事以制，不爲刑辟」，即以定制爲治之意。「政治」一名，胡適說是「以政爲治，包舉禮俗法律而調和之」，是胡適認知的孔教，至少有禮治的孔教與政治的孔教之分。前者行於戰國以前，爲重制重禮的儒學，後者行於漢以後，爲混和禮俗與法律的帝國儒學。

這種從歷史細部發展中切實掌握儒學發展流變的作法，與一般人簡單地劃分先秦眞儒學與秦漢後僞儒學的作法不同。胡適並不認爲先秦儒學已經十全十美、有醇無疵，也不認爲孔子一定要提倡民主思想。在《中國哲學史大綱卷上》一書討論儒家思想的進程時，胡適逕指孔子時候的儒家是「極端倫常主義的儒家」，是「重君權的儒家」，後來惹起了楊朱、墨翟的反動，儒家才不得不變換本身的倫理觀念，於是《大學》、《中庸》等「儒書」中便有了重視個人的理念，於是出現尊崇個人、鼓吹民權的孟子，❹完成了先秦既重禮治也重制治（孟子之前學說的留存），重個人更重倫理（原始孔子之教）的先秦儒教。所以早在大一統專制帝國成立，混合了禮俗與法律之前，儒教就已經是一個複雜的混合體。歷代注重的儒教，其重心容有不同，其複雜性則是一樣的。

胡適這些有關孔子思想和儒學發展的學術討論，在論證上當然

---

❹　胡適，《中國古代哲學史》第十篇「荀子以前的儒家」，《作品集》31，
　　頁247-248。

可以引起許多爭執，如孔子是否主張「極端的倫常主義」和「君權主義」，是否不主張民主等，這些需要另外寫專文來討論。這裏所呈現的事實是：胡適通過其「一家之言」，論證了孔教或禮教本身在各個時代所存在的一致的複雜性。這種複雜性使孔教或禮教不可能只根據五經四書的精義成立，也不可能只根據二千五百年的歷史習慣成立；也就是說，它不可能被分解為簡單的合理或不合理，而只能被還原為歷史真相。

歷史源變清楚之後，我們便不難發覺，從清末張之洞（1837-1909）亢聲頌揚：「三綱為中國神聖相傳之至教，禮教之本原」，❹到五四時吳虞憤激控訴：「孔二先生的禮教講到極點，就非殺人吃人不成功，真是慘酷極了」，❷儘管雙方褒貶有若雲泥，卻都沒有掌握住禮教的全部真實內容。在歷史過程中不停發展的禮教，既有五經四書的精義，也有古宗教和古禮制，有宋明理學，更有二千五百年的歷史習慣。它不全然神聖，也不全然吃人，它表達了儒家進步的一面，也反映了儒家的歷史局限。在簡單的「尊」和「反」之前，至少，要先面對歷史真相。胡適畢生強調思想方法的重要性，其中「歷史的方法」（The genetic method）更是他所推崇的實驗主義兩個根本觀念之一。❸在禮教與孔教問題上，胡適只要是在作學術性的討論時，他通常都能嚴格遵照自己所倡導的方法去從事。

胡適被視為最激烈的反孔言論見於他所寫的〈吳虞文錄序〉，

---

❹　張之洞，《勸學篇·序》（臺北：文海，1966）。

❷　吳虞，〈吃人與禮教〉，載《吳虞集》（成都：四川人民出版社，1985）。

❸　胡適，〈實驗主義〉，《胡適文存》一集二卷，《作品集》4。另一實驗主義根本觀念是科學實驗室的態度。

在該文中，他形容吳虞和陳獨秀是「近年來攻擊孔教最有力的兩位健將」，吳虞是「四川省隻手打孔家店的老英雄」，因為受不了「孔渣孔滓孔塵」，決定做一個「思想界的清道夫」。雖然有人說吳陳等人所攻擊的都不是真孔教，但「何以那種種吃人的禮教制度都不掛別的招牌，偏愛掛孔老先生的招牌呢？正因為二千年吃人的禮教法制都掛著孔丘的招牌，故這塊孔丘的招牌——無論是老店，是冒牌——不能不拿下來，搥碎，燒去！」❹這些公開的通俗反孔言論，與胡適在學術上小心翼翼地還原孔教真相的著作，態度上可說是南轅北轍，根本不像是同一個人的所為。這當作何解釋呢？

首先要知道，胡適從來不認為孔教是不可以批判的，只是說批判時要嚴守歷史的方法，不可厚誣古人。說《春秋》是孔子為民主制度所訂立的憲法，或訾議孔子不知道提倡民主制度，都違反歷史的方法，都是厚誣古人。但如果說，三綱觀念在歷史發展中已經掛上了孔教的招牌，已經成為許多甚至是大多數儒家知識分子（如張之洞）人格價值的一部分，那麼這三綱式的孔教在與現代個人獨立的價值理念衝突時，自然該受到嚴厲批評。胡適在〈吳虞文錄序〉一文中反複強調陳獨秀和吳虞專注重「孔子之道不合現代生活」一個主要觀念，目的就是要說明這樣一層意思。說「孔渣孔滓孔塵」，說「孔家店」，不是要用文字的魔力去詛咒孔教（這也是胡適一向反對的），而正是要用這些文字去突出庸俗儒學有別於菁英儒學的性質，說明「孔家店」不是完整的孔教。胡適晚年對此有過一翻自我剖白，他說：

---

❹　胡適，〈吳虞文錄序〉，《胡適文存》一集四卷。《作品集》6，頁196。

> 有許多人認爲我是反孔非儒的。在許多方面，我對那經過長
> 期發展的儒教的批判是很嚴屬的，但是，就全體來說，我在
> 我的一切著述上，對孔子和早期的仲尼之徒如孟子，都是相
> 當尊崇的。我對十二世紀新儒學的開山宗師的朱熹（按：開山
> 兩字可能是譯文之誤），也是十分崇敬的。**❹**

揆諸上述胡適客觀小心的學術態度，這段「晚年定論」應該是可信
的。當然，胡適也曾特別聲明「我是一個不贊成儒教的人。」不贊
成的原因，是「我們只認儒教爲一大宗，但不認他爲唯一大宗。儒
家固有眞理，老莊墨翟也有眞理。」**❹**

第三節　家庭與婚姻

中國家庭制度雖幾經變遷，但從宋以後一直到清末，家族存在
形式基本上相當固定。祀堂、祭典、譜系、族規族訓等聯繫著具有
同一血緣系統的族眾，在「序人民」、「利後嗣」的禮教基本要求
下，家眾均聽命於家長，未得家長同意不得析居，不得私蓄財物，
卑幼者更須無條件履行孝悌、順從等道德義務。違反者在現存各朝
律例的「戶律」或「戶婚律」中均訂有相應罰則處罰，或受本家族
懲戒，爲鄉議所不齒。

民國成立之後，對家族組織的法源依據，即有關親屬法部分並
未即時作出相應改革。民國元年政府明令宣布親屬法問題繼續沿用

---

❹　唐德剛譯註，《胡適口述自傳》（臺北：傳記文學出版社，1986），頁258。
❹　《胡適的日記》，民國10年7月9日。

光緒三十四年法律館所修訂的「大清現行刑律」（該刑律於 1910 年 12 月頒行），稱「現行律民事有效部分」，亦即繼續用與禮教密切相關的帝國時代律例來規範民國的家庭組織。其中如「家政統於家長」，禁止分財異居，及婦女的七出之條等，均一仍舊貫。民國四年北洋政府修成「民律親屬編草案」，在很多地方仍參照著宣統三年修成的「大清民律草案·親屬編」，民國十四年訂立第二次「民律草案」，親屬法置於第四編，民國十七年國民政府法制局重新修訂成「民律親屬編草案」共 82 條，均未正式頒行。❹ 法令變革速度緩慢，民間風俗的變遷亦同樣緩慢，有人在民國九年的時候這樣描寫：

> 今中流以上之家族，猶有兄弟叔姪同居，而忠厚之家，且以能多留養異姓親屬為美談。是皆不能謀獨立生活之人，懶惰成性，不以倚賴為恥之故。❹

法律與民國的共和政體脫節，禮俗更遠遠落在後面。面對這樣一種非驢非馬的現實局面，反孔教闖將之一的吳虞只能發出感慨說：

> 試觀民國成立於今五年矣，不惟無根本之憲法，雖已成之民律，與吾人生命財產有重要密切之關係者，亦不肯頒行。即暫行刑律（現行律），亦屢經刪改補充，務失其原有之精神效力而後快。❹

---

❹ 以上詳情參見施宏勳，《民法親屬論》（西北大學講義，不著年份）。謝振民，《中華民國立法史》（正中，1948）及《中央日報》1928：10：19 刊載〈親屬法草案〉附說明。

❹ 景藏，〈家族制度〉，《東方雜誌》17卷7號（1920：4）。

❹ 吳虞，〈情勢法〉，《吳虞集》，頁113-114。

胡適出生的績谿上莊胡家，是一個世代聚族而居的大家族，他的父親胡傳（1841-1895）受學於揚州劉熙載，篤信程朱理學，少壯時曾負責重建胡氏宗祠工程，前後歷時十一年。❺₀母親爲繼室，比大兒子還小著四歲，比孿生的二兒子、三兒子僅大四歲。廿三歲開始守寡，再過廿三年而卒。父親死後，家中仍同居共財，一家財政權操在胡適二哥手裏。❺₁直到胡適十七歲時家傳營業失敗，兄弟才分家析產。在此之前，胡適這位同父異母的二哥，儘管不是太樂意，最後還是遵守了徽州儒商家庭的傳統，自己在上海、漢口守家業營商，而讓最小的幼弟胡適到上海讀書。這樣的家庭背景，讓胡適可以深刻地體會到傳統大家族生活的優點和缺點。胡適後來在討論家庭制度問題上比同時代很多新人物都作了更多思辨，恐怕除了是思考上的興趣之外，也跟這份百味交陳的親身體驗有關。

胡適一九一二年在美留學時，曾有計畫用英文撰寫「中國社會風俗眞詮」（The Defense of The Chinese Social Institutions），內容包括：祖先崇拜、家族制度、婚姻、守舊主義、婦女地位、孔子倫理哲學等，「爲祖國辯護」。❺₂英文題目是清清楚楚的Defense（辯護）一字，中文則寫成「眞詮」，表明是要尋求這些制度的眞實意義。可見在辯護行爲的背後，胡適其實是抱著一種信心，相信中國傳統風俗制度有合理的形成與存在之道，而並不是像當時一些西方教士和商人所描繪的那樣，都是野蠻風俗。

---

❺₀ 唐德剛譯注，《胡適口述自傳》（臺北：傳記文學出版社，1986），第一、二章。

❺₁ 胡適，〈四十自述〉，第一章第五節。《作品集》1，頁31，又頁18。

❺₂ 《胡適留學日記》一，1913：10：14，《作品集》34，頁96-97。

　　胡適打算寫這篇辯護文字時的立論基礎如何，仍可從他留存下來的一些文字中略窺一斑。在家族制度方面，他在二個月後有一次英文演說，述中國子女與父母的關係，並「訾議美國子女不養父母。」他的訾議引起一位美國教授抗辯，但也有人贊同他的看法。讓胡適覺得：「此種討論甚有趣，又可增益見聞不少。」❸

　　奉養父母是胡適維護中國家族制度的一個重要理由，兩年後（1914）的六月七日，胡適再次引述自己這個觀點說：「吾常語美洲人士，以爲吾國家族制度，子婦有養親之責，父母衰老，有所倚仗。此法遠勝此邦個人主義之但以養成自助之能力，而對家庭不負養贍之責也。」❹

　　但是否眞應該就此維護大家族制度？對胡適而言，這主要並不是一個社會效能（如老人問題）的問題，而是一個倫理問題。孝親或敬養老人是符合倫理道德的，大家族制度最能發揮其倫理效應，這是事實。但另一方面，個人獨立也是同樣重要的倫理道德，大家族制度在這方面卻有嚴重的反效果。在上述六月七日的引文下面，胡適抒述了他對大家族制度的負面看法：

> 至今思之，吾國之家族制，實亦有大害，以其養成一種依賴性也。吾國家庭，父母視子婦如一種養老存款，以爲子婦必須養親，此一種依賴性也。子婦視父母遺產爲固有，此又一依賴性也。甚至兄弟相倚依，以爲兄弟有相助之責。再甚至一族一黨，三親六戚，無不相倚依。夫子婦之養親，孝也；

---

❸　前揭書，1913：12：3，頁117。

❹　前揭書，1914：6：7，頁225-227。

父母責子婦以必養，則依賴之習成矣。西方人之稍有獨立思
想者，不屑爲也。**⑤**

要舉出這種家族依賴性的實例，並不需要遠求，胡適自己就有這樣
一個大哥，**⑤**這還不算，被胡適稱爲「隻手打孔家店的老英雄」吳
虞，便曾經爲父親多用了家族財產，影響其個人權益而與其父互毆，
造成轟動成都紳學界的「家庭革命」事件。吳虞後來並爲文埋怨中
國的法律制度對子弟繼承財產權利缺乏保障：

在外國有法律爲持平，以補倫理之不足，如財產問題是已。
濫用財產，即無異侵其子一份子之權利也。中國偏於倫理一
面，而法律亦根據一方之倫理以爲規定，於是爲人子者，無
權利之可言。**⑤**

人子將繼承家業視爲當然，並因此怪責其父濫用財產，「無異侵其
子一份子之權利」，這種權利觀念眞是超西方的了。這種口吻偏偏
又出自一位新文化運動領導人，更構成了一幅極滑稽極不調和的畫
面，而造成這種畫面出現的原因，便是倚賴性三個字。

孝親敬老倫理和個人獨立倫理之間的交戰，顯然一直困擾著胡
適。在上述六月七日箚記完成之後兩個月，胡適試圖用一種折衷調
和的方法衝出困局，他宣稱自己找到了一個「模範家庭」：

---

⑤ 同上。

⑤ 胡適，《四十自述》，見註51。

⑤ 吳虞，〈家庭苦趣〉，《吳虞集》，頁20。關於這個問題，可參閱拙作〈吳
虞與中國近代的反儒運動〉，收入《新思潮與傳統》。

友人羅賓生之妻兄金君（F. King）邀余餐其家。金君有子女
各三人，兩女老而不字，而已婚之子女皆居附近村中，時時
歸省父母……天倫之樂盎然，令人生妒。余謂吾國子婦與父
母同居以養父母，與西方子婦婚後遠出另起家庭，不復問父
母，兩者皆極端也，過猶不及也。吾國之弊，在於姑婦妯娌
之不能相安，又在於養成依賴性；西方之弊，在於疏棄父母，
皆非也。執中之法，在於子婦婚後，即與父母析居而不遠去，
時相往來，如金君之家，是其例也。如是則家庭之齟齬不易
生，而子婦與父母皆保存其自立之性，且親子之間亦不致疏
遠矣。❺❽

這個範式看似執中，其實基本上已先肯定了父子析居的核心家庭型
態，從中國孝順取向的禮教標準看來，已經是「家庭革命」了。至
於析居之後是否能「不遠去」，顯然也不會只是一個主觀願望的問
題，而受到諸多客觀條件的左右。當然，如果將「不遠去」列為一
項優先的倫理準則，位階在工作、子女求學等客觀因素之上，如舊
日所說「父母在不遠遊」一般，則未嘗不可以發展成一種新的家庭
倫理範式。但胡適並沒有在這裏繼續思考下去，因為在這個時候，
他已經走出集體主義取向的黑格爾哲學體系，而傾向於易卜生和杜
威，個體獨立變成更優先的價值，倚賴絕對不被容忍。親情、奉養
父母等當然仍然是胡適的關懷點，❺❾也是他自己一生奉行不渝的道

---

❺❽　《胡適留學日記》二，1914：8：16，《作品集》35，頁95。

❺❾　胡適族人中有人故意棄父不養，胡適十六歲時便寫了「棄父行」一詩譏刺，
　　　「棄置日久，不復記憶」，到民國三年聞得此人之父已死，又「追憶舊作，

德操守，⑩但已不能與個人獨立的價值並駕齊驅了。

個人本位與家庭本位這兩種倫理取向的消長，清楚地反映在胡適一九一九年的學術著作《中國哲學史大綱卷上》中。在討論先秦儒學思想的發展時，胡適指出，「孔子雖注重個人的倫理關係，但他同時又提出一個仁字，要人盡人道，做一個成人。」但孔門正傳弟子子游、子夏、曾子等人，卻又提出兩大觀念，一個是孝，一個是禮，後來漸漸發展成中國社會兩大勢力。

曾子大力發展的孝的哲學，後來在《禮記·祭義》和《孝經》等書中發揮至極致。在胡適看來，這種孝的人生哲學的根本觀點，是不承認個人的存在。「我並不是我」，不過是我父母的兒子，「我的身並不是我，只是父母的遺體」，於是孔子的成人之教便變成成兒之教，個人在孝的倫理下完全屈服。胡適對此作出結論說：

> 這是孔門人生哲學的一大變化。孔子的「仁的人生哲學」，要人盡「仁」道，要人做一個「人」。孔子以後的「孝的人生哲學」，要人盡孝道，要人做一個「兒子」。這種人生哲學，固然也有道理，但未免太把個人埋沒在家庭倫理裏面了。⑪

勉強完成」。詩最後説：「阿翁衰老思梁肉，買肉歸來子婦哭：『自古男兒貴自立，阿翁恃子寧非辱』，翁聞斯言勃然怒，畢世劬勞徒自誤。從今識得養兒樂，出門老死他鄉去。」詩中兒子反過來責怪父親不自立一節，在古詩中別開生面，在新舊道德衝突問題上頗能發人深省。詩載前揭書，1914：8：29，頁118-119。

⑩ 此觀《胡適家書》（陸發春編，合肥：安徽人民出版社，1996）中胡適與母各信可知。

⑪ 胡適，《中國古代哲學史》，《作品集》31，頁117。胡適討論先秦儒學發

司馬光《居家雜儀》中規定：「凡為子婦者，毋得蓄私財」，他的理由是：「夫人子之身，父母之身也。身且不敢自有，況敢有私財乎！」❷這正好印證了胡適的理論，當人子之身只是父母之身時，卑幼的人格就被家長的人格所吸收，個人也就埋沒在家庭倫理中了。胡適在一九一四年開始思考易卜生主義，❸《留學日記》中有關家庭制度問題的反復辨疑，代表了個人主義的逐漸成長。一九一八年《易卜生主義》中文稿寫定之後，胡適在這方面的思考也就告一段落：家庭本位背負著「依賴性」的惡名走下倫理舞台，「把你自己這塊材料鑄造成器」的易卜生主義，❹則聚集了個人獨立的新倫理之光，吸引了一代青年的注意，用胡適自己的話來說，「這篇文章（〈易卜生主義〉）在民國七、八年間所以能有最大的興奮作用，和解放作用，也正是因為他所提倡的個人主義在當日確是最新鮮又最需要的一針注射。」❺

　　差不多在《中國哲學史大綱卷上》出版的同時，胡適在《每周評論》上發表了〈我的兒子〉一首新詩。這首其實不太像詩的詩，

　　展的文字，見此書第五篇「孔門弟子」，及第十篇「荀子以前的儒家」第一章。

❷　《司馬氏書儀》，商務印書館《叢書集成初編》本，頁42。

❸　胡適在〈介紹我自己的思想〉一文中說：「易卜生主義一篇寫的最早，最初的英文稿是民國三年在康奈爾大學哲學會宣讀的，中文稿是民國七年寫的。」見《胡適文選》，《作品集》2，頁6。

❹　胡適，〈易卜生主義〉，《胡適文存》一集四卷，《作品集》6，頁23。關於胡適的易卜生主義，我已在〈五四時期知識分子對個人主義的詮釋〉一文中討論過。見《新思潮與傳統》。

❺　同註57。

前面說：「樹本無心結子，我也無恩於你。」接下來說：「但是你既來了，我不能不養你教你，那是我對人道的義務，並不是待你的恩誼。」結語則說：「我要你做一個堂堂的人，不單要你做我的孝順兒子。」

如果單讀詩而不讀他的《中國哲學史大綱》，很容易誤會胡適是在教兒子們都做「白吃不回帳的主顧」，就像當時有些讀者所指陳的。❻❻事實上，胡適自己不可能贊成不孝，知道別人不孝時，還會寫詩譏刺一翻（參見註 59）。胡適一意要強調的，是要求每一個人首先是「做一個堂堂的人」，要有自己的獨立人格、獨立思想。即使要做孝子，那也是因為我是一個「人」，所以我要孝順父母；而不是因為我是我父母的兒子，連我的身體都是他們的，所以我只能做孝順兒子。

因為重視獨立的個人，所以胡適在中國哲學中很留意「身」的觀念，與輕身重心的宋明儒學傳統頗有不同。在論述《大學》一書時，胡適就用了「個人之注重」這個標題，將修身的「身」等同於「個人」，認為《大學》「把修身作一切的根本」，格致正誠是修身的工夫，齊治平是修身的效果，因此，「這個身，這個個人，便是一切倫理的中心點。」不取「孝的人生哲學」，而另立「修身的人生哲學。」❻❼胡適這種以「身」為中心的人生哲學，很接近明儒王艮（心齋）的淮南格物說。胡適在宋明儒學中揚程朱而抑陸王，❻❽

---

❻❻　見胡適，〈我的兒子〉，《胡適文存》一集四卷，《作品集》6，頁69-75。

❻❼　胡適，《中國古代哲學史》第十篇第一章。《作品集》31，頁249-251。

❻❽　我在〈戴東原哲學與胡適的智識主義〉一文中對此曾有討論，見《新思潮與傳統》，頁49-56。

但對陽明弟子王艮所創的泰州學派卻另眼相看，他說：

> 泰州一派最有趣……他的安身，就是楊朱的存我、爲我。他
> 的〈明哲保身論〉尤可注意。……最可怪的是中國史上爲眞
> 理而殺身的僅有極少極少的人。而這幾個極少的人乃出在這
> 個提倡「安身」、「保身」的學派裏——何心隱與李贄！⑲

這有什麼「可怪」的呢？照胡適自己的思路來推論，安身、保身的
先決條件是重身——如果不重又何必安、保？重身即重個人，自然
特立獨行，自然勇於追求眞理，其結果便是殺身。那個爲魯迅所景
仰的魏晉名士嵇康，不也是個重養生的嗎？結果也是「爲眞理而殺
身」了。這就是「修身的人生哲學」，它與「道而不徑，舟而不游，
不敢以先父母之遺體行殆」⑳的「孝的人生哲學」，原有重大差異。
胡適既肯定了個人獨立的優先性，則家庭本位主義和「孝的哲學」
便往往成了反襯的批判對象，造成一種「反傳統」的假象。

　　家庭觀念由倫理關係本位變成個體獨立本位之後，婚姻觀念便
也隨著改變。在倫理關係本位或家本位時代，婚姻的目的不是兩個
人之間的歡愛，而是「合二姓之好」，㉑即兩個異姓家族之間的修
好盟約行爲。在這個前提下，婚姻自然是由家長主導，而且以家長
的意願爲婚姻關係持續存在的必要條件。因此男女之間的結合均憑
「父母之命」，並不考慮當事人的意願。婚後的生活，舅姑與媳婦
之間的相處關係也優先於夫婦之間的關係。所謂：「子甚宜其妻，

---

⑲　《胡適的日記》，1922：6：23。

⑳　《禮記·祭義》，〈經解〉篇亦有此段文字。

㉑　《禮記·昏義》：「婚姻者所以合二姓之好。」

父母不悅，出；子不宜其妻，父母曰：是善事我，子行夫婦之禮焉，沒身不衰。」⑫

　　這種禮教規約下的婚姻條件，一直都受到律法支持，清末所修後大部分爲民國沿用的「現行律」仍然秉持這種觀點，規定：「嫁聚皆由祖父母、父母主婚；祖父母父母俱無者，從餘親。」⑬一直到民國十二年，作爲當時最高法院的大理院，在判決中仍主張男女婚姻必須得到主婚權人的同意，未獲同意者，主婚權人如有正當理由，得撤消之。⑭

　　當胡適仍然在家庭本位與個人本位兩種倫理標準中游移時，中國婚姻制度也成爲他思考的一個焦點。在他早年爲《競業旬報》撰寫的社說〈婚姻篇〉中，他並不認同「現在的新學家」所說的「中國婚姻是極專制的，是極要改做自由結婚的。」⑮相反，他所重視的是父母沒有用心經營他們的專制權，把兒女終身大事視同兒戲，或憑媒婆，或任算命，以致造種種弊端。他於是「參酌中外的婚姻制度，執乎其中」，提出「救弊之法」：

　　　第一是，要父母主婚；第二是，要子女有權干預。⑯

---

⑫　司馬光，〈居家雜儀〉，見《司馬氏書儀》，頁43。司馬光之說又本《禮記·內則》。

⑬　引自施宏勛，《民法親屬論》，頁11。

⑭　大理院判例十二年上字第165號。引自前揭書，頁11。

⑮　鐵兒〈胡適筆名〉，〈婚姻篇〉，《競業旬報》第24期，戊申年（1906）七月二十一日，見周質平編，《胡適早年文存》（臺北：遠流出版公司，1995），頁148-149。

⑯　同上，頁153。

至於主權和干預權到底如何分配，以及「主」「干」之間無法參酌調和時又如何？胡適就沒有再討論了。

留美時期，胡適繼續爲中國婚姻制度辯護。他甚至認爲中國女子所處地位高於西方女子，因爲中國女子婚姻皆由父母主持，自己便可以顧全廉恥名節，不必暴露在婚姻市場上，終日與男子周旋，取悅於男子。而西方的婚姻自由，則是「墮女子之人格，驅之使自獻其身以釣取男子之歡心者。」[77]他將這層心得寫成英文稿公開發表，文章中除了複述以上重點之外，還添了一段頗具思辨性的理論依據：

> 今日西方世界已開始認清這樣一個事實：婚姻不只是個人的事，而是有其社會意義的，並因此引發了大規模的優生學運動，主張國家干涉婚姻，且立法要求雙方當事人出具健康和家族紀錄文件。這比父母干涉更爲專橫，卻在社會效用的基礎上被合理化。正如你們的優生法例在婚姻具有社會意義的事實上被合理化，中國婚姻制度的合理性同樣也可以在這樣的事實中找到：婚姻不只是跟小倆口有關，也跟整個家族有關。[78]

---

[77] 《胡適留學日記》一，1914：1：4，《作品集》34，頁139-140。又見頁152。

[78] 本文原用英文發表在1914年6月出版的*Cornell Era*第610-611頁上。收入The Hu Shih Papers at Cornell:1910-1963. Collected and Microfilmed in 1990. Photo Services, Cornell University.全文有周質平教授譯本，見所編《胡適早年文存》，頁30-33。爲示負責起見，這裏所引的胡適原文仍由我自己再翻譯一次。

這裏胡適用家族利益作爲中國傳統婚姻制度的依據，並且將家族利益觀跟西方的社會效用觀相提並論，形成一種東方式的婚姻倫理觀體系。在這個體系中，個人與家族，親情與愛情，女子婚前尊嚴等問題，都比在西方體系中獲有更充份的思考機會，都可以供東西方的倫理哲學家、社會學家或人類學家作更深入的研究。

在發表上述意見的時候，胡適還在康乃爾求學，康大當時是黑格爾學派的重鎮，胡適在康大後期既主修哲學，對該學派自不能無所接觸。在《胡適留學日記》中留下了一條資料，顯示胡適當時所受黑格爾國家主義影響的情況。胡適對《老子》「三十輻共一轂，當其無有車之用」一段話作出解釋說：

> 謂輻湊於轂而成車，而用車之時，每一輻皆轂之一部分，即皆成車之一部分，用車者但知是車，不復知有單獨之輻矣，故當無輻之時，乃有車之用。……譬之積民而成國，國立之日，其民都成某國之民，已非復前此自由獨立無所統轄之個人矣。故國有外患，其民不惜捐生命財產以捍禦之，知有國不復知有己身也。故多民之無身，乃始有國。**⑦**

胡適在這段劄記之後自注：「此爲近世黑格爾（Hegelian）一派之社會說國家說，所以救十八世紀之極端個人主義也。」對黑格爾而言，國家是個人意志與自由的外在實現，一個自由人就是一個可以認同國家所賦予的義務與責任的人。**⑧**因此，國與民可以憑精神理念（the

---

⑦　《胡適留學日記》一，1914：7：7。《作品集》34，頁262-263。

⑧　Henry D. Aiken, *The Age of Ideology* (New York : The New American Library of World Literature, Inc.1963, 7th printing), Chapter IV, p.79-80.

idea of spirit）打破此疆彼界，如魚水般兩忘於江湖。在這樣一種思想背景中，胡適只要將國家轉成家族（請參閱本文第二節），當然也就可以相安無事了，中國在本身的歷史架構中重視家族利益，正如西方在其歷史架構中重視社會利益一樣，並沒有什麼不對。

但到了民國六年三月，胡適就否定了自己三年前的見解，他在上述用黑格爾國家說闡釋《老子》「三十輻共一轂」的箚記後面加上一段按語：

> 此說穿鑿可笑，此「無」即空處也。吾當時在校中受黑格爾派影響甚大，故有此謬說。[81]

民國六年時胡適正在哥倫比亞大學準備提交博士論文，已成為「杜威信徒」，故有此「謬說」之說。在婚姻觀上，胡適也脫離了家庭倫理本位的思考，變成以「自立」為第一要義。人的第一要務，是「個人要充份發達自己的才性，要充分發展自己的個性」，[82]在女子，則要有「超於良妻賢母人生觀」的「自立精神」，「人人都覺得自己是堂堂地一個人」，[83]才有可能組織自立而不倚賴的家庭，才能產生良善的社會。

胡適推崇易卜生戲劇「娜拉」（A Doll's House，胡適又譯玩偶之家），欣賞娜拉拋卻家庭「救出自己」的自立精神，在五四一代青年男女中颳起一陣獨立自主、反抗婚姻的「娜拉風」。魯迅對這

---

[81]　同註73。

[82]　胡適，〈易卜生主義〉，《胡適文存》一集四卷，《作品集》6，頁23。

[83]　胡適，〈美國的婦人〉，前揭書，頁45。

種「覺醒」的辦法深表疑慮，❽他提出「娜拉走後怎麼樣」的問題，提醒大家，在中國當前一切都與紙上改革不配套的情況下，娜拉出走以後能到那裏安身？她的結局不外兩條路：不是回去，就是墮落！❽魯迅還寫了篇題為〈傷逝〉的小說，女主人翁子君受到愛情的鼓舞，毅然背離父母去跟一個小公務員同居，小公務員受到社會「道德」制裁而失業，夫妻倆窮困潦倒，最後愛情餓死了，子君又回到父母家中，抱鬱以終。❽對這樣的問題，這樣的故事，胡適能提供怎樣的答案呢？如果我們順著胡適的思路代他擬答，則〈傷逝〉正好印證了他的理論：子君之所以會有後來的遭遇，就是因為不能自立之故，更何況，故事中兩個人都在未能自立的情況下即草草同居（或結婚），正是中國婚姻之所以成為問題的主要問題之一。❽至於個人自立是不是就能解決軍閥混戰、社會封建、帝國主義侵略等國家正在面臨的危機，如同梁漱溟等人所質問？❽胡適在這裏有點招架不

---

❽　魯迅從一開始就對用言論「喚醒」民眾作法充滿懷疑，在《吶喊·自序》中，他將中國比喻為一間「絕無窗戶而萬難破毀」的鐵屋，最好的方法，莫如讓裏面熟睡的人就此悶死。否則，大嚷吶喊，「驚起了較為清醒的幾個人」，只不過是讓這不幸的少數來「受無可挽救的臨終的苦楚」。見《魯迅全集》第一卷（北京：人民出版社十二卷本），頁418。

❽　魯迅，〈娜拉走後怎樣？〉，《魯迅全集》第一卷，頁160。

❽　《魯迅全集》第二卷，頁107-127。

❽　胡適在上海求學時期所寫的問題小說《真如島》中，就嚴厲批評無自立能力的婚姻，他說：「從小看見人家少年子弟，年紀輕輕的，便娶了妻子，自此之後，便終日纏綿床蓐之間，什麼事都不肯去做。後來生下兒女，那時一家之中吃飯的人一日一日的多起來，便不得不去尋些吃飯的行業來做。」見《胡適早年文存》。

❽　見〈我們走那條路〉，《胡適文存》四集四、五卷。《作品集》18，頁19-32。

住，以致期期艾艾的答不上來。這也多少反映了一點時代訊息。其實，這個問題是不必回答的。個人自立固然不見得能抵抗帝國主義侵略或消弭軍閥混戰，但反過來看，抵抗了帝國主義侵略，消弭了軍閥混戰，個人是否就能自立了呢？顯然這兩者之間並不存在著一種密切相關的關係，更沒有因果關係。一在「器」的層面，一在「道」的層面，雖說道器不離，卻也不能混道成器。個人獨立首先是一個觀念上、價值上的問題，此一觀念和價值，標誌著胡適在五四時期主要努力的方向，也是他在反禮教活動中一個主要的取捨標準。

第四節　禮的自由化

　　本章第二節已論述，胡適在撰作《中國哲學史大綱卷上》一書時，已認識到儒教或禮教其實是一個融和著禮治、制治、個人、倫理在內的極其複雜的混合體，它有相對合理的一面，同時也有不盡合理的因子，若再加上時代變遷的因素，則合理性與不合理性之間，糾結的情況就更為繁複。

　　本章第二節又論述，在家族倫理（孝親敬老倫理）與個人獨立倫理之間，胡適慢慢偏向於以個人獨立倫理為主軸的判斷標準，因為這一傾向，胡適乃疏遠他認為是由孔門正傳弟子子游、子夏、曾子等人所提倡的儒學中的孝禮傳統，並同時進行兩種工作：一方面，他通過一些嚴肅的學術著作，試圖在複雜的儒學傳統中建構出由孔子成人之教與孟子個人思想為主的自由主義儒學傳統，代表儒學在歷史上的一種合理精神，《中國哲學史大綱卷上》及 1930 年至 40 年代所寫的一系列英文論文中有關儒學思想的各章，是這項工作的重

要成果。另一方面，他主要通過通俗的文化、社會批判文字，攻擊
儒教在思想、文化、教育上唯我獨尊的局面，以及儒教因此所要負
起的形成中國種種不合理歷史澱積的責任。他將吳虞大力撻伐的儒
教形容爲「孔家店」，固然是對儒教的一種貶詞，但與此同時，卻
也是有意在釐清儒學中的自由傳統與「二千五百年的歷史習慣」之
間的糾葛。

　　胡適有些通俗性的批判言論，常被人視爲過於偏激，如他在〈信
心與反省〉一文中說：

　　　　講了七八百年的理學，沒有一個理學聖賢起來指出裹小腳是
　　　　不人道的野蠻行爲，只見大家崇信「餓死事極小，失節事極
　　　　大」的吃人禮教。[89]

又如他說：

　　　　中國有子孝婦順的禮教，行了幾千年，沒有什麼變遷。[90]

這兩處對禮教的攻擊，都犯了以偏概全的毛病，不是審思明辨的態
度。有時，胡適也會暫時失去學術的嚴謹性，將學術研究也變成批
判武器，如他就曾在一篇學術性的文章中，將學術意義上的理學視
爲「不近人情的社會禮俗」之成因，而大張撻伐，他說：

　　　　這一百五十年中（按指 1777 年戴震逝世至 1927），正統的理學雖

---

[89]　《胡適文存》四集四卷，《作品集》18，頁52。

[90]　胡適，〈研究社會問題底方法〉，《胡適演講集》（二），《作品集》25，
　　　頁178。

然因爲樸學的風尚，減了不少的氣燄，然而因爲缺乏明白自覺的批評與攻擊，理學的潛勢力依然存在，理學造成的種種不近人情的社會禮俗也依然存在。**❶**

　　儘管存在著這些缺失，胡適對傳統禮教的基本態度仍然是比較客觀、理性的。當陳獨秀認爲「孔子倫理」就是「君臣尊卑」，而得出「凡尊崇孔子倫理，而不贊同張勳所言所行，爲其人之言不顧行者也」的「邏輯」時，**❷**胡適很難得出這種「邏輯」。因爲他知道，將孔子倫理等同於君臣尊卑這個前提是靠不住的。孔子固然尊君，但更重視「成人」之教。胡適在客觀的哲學史研究上已經探究過這些歷史眞相，他自不可能眞將儒學整體簡單化爲「孔家店」而隻手打倒。對胡適而言，「禮教的討論只是要重新估定古代的綱常禮教在今日還有什麼價值？」**❸**這裏有兩個重點，一是所討論的爲「綱常」禮教而非「成人之教」的禮，二是側重於禮教在今日的價值。

　　當胡適選擇以「失節事極大」、「子孝婦順」等陳述方式來敘述禮教的性質時，他所敘述的顯然不是包括「成人之教」在內的孔門全部禮教內容，而是選擇性的「綱常」禮教，亦即只強調身份差序、男女之防、與卑幼單行道德的「吃人的禮教」。這種簡單化的敘述方式，與其說是胡適個人的膚淺，毋寧說是「革命」時代的情緒反映，它不是學術認知，而是大眾化的社會文化批判。胡適自己

---

❶　胡適，〈幾個反理學的思想家〉，《胡適文存》三集一、二卷，《作品集》11，頁119。

❷　陳獨秀，〈再質問東方雜誌記者〉，《新青年》六卷二號，頁149。

❸　胡適，〈新思潮的意義〉，《胡適文存》一集四卷，《作品集》26，頁42。

也知道新文化運動是一次破壞多於理性改良的革命，但他認為這是
無可奈何的事，因為中國沒有領導改革的中心，不能有從上而下的
改革；至於民間主動發動的改革，也輕易地會被專制壓力所制止。
加上清代三百年的異族統治，利用禮教包庇高壓政治，要消除專制
政治威權，確保民主自由，勢不得不對舊有勢力大加破壞。胡適說：

> 在旁的國家，往往有統制者，有良風美德的中心，故往往可
> 以不流血而改革。在我們中國，根本沒有這良風美德的中心。
> 自古以來根本沒有貴族、資產、知識階級在上頭領導著，根
> 本就是平民化的社會，忽然在上面加一層壓力，憑著祖宗偶
> 然的成功的異族，用吃人的禮教包庇這高壓的手段，在這狀
> 況之下，非破壞不可，因為中國根本就沒有領袖階級，所以
> 好壞風氣都由民間來的，往往民間運動一出來，就會被上面
> 壓力制止的。❹

但禮教的破壞——革命式的破壞，基本上而言，主要是針對著綱常禮
教而發的，並不是對禮的全面性破壞。以禮在家族制度上的效用而
言，胡適反對「五世同居的大家庭」，❺理由已見第三節所述，但
他絕不反對合理的、經個人反省之後的孝道。胡適對母親的孝行及
因此而強受的婚姻，已有很多學者作過陳述，較不為人所知的是，
胡適在已成名之後，還在家書中告訴母親，因為有人誇讚了一句「鐵

---

❹　胡適，〈究竟在這二十三年裏做些什麼〉，《胡適演講集》三，《作品集》
　　26，頁42。

❺　見〈信心與反省〉一文，同註89。

花老伯應該有適之兄這樣的後人」，讓他「聽了這話，心裏很歡喜」，❻因爲：「我在外邊，人家只知道我是胡適，沒有人知道我是某人的兒子。今次忽聞此語，覺得我還不致玷辱先人的名譽，故心裏頗歡喜。」❼

同樣的，胡適反「貞節牌坊」式的女德，而對自己母親守節撫孤、周旋諸子諸婦之間、閉戶飲泣的種種傳統婦道美德，則表彰不遺餘力。甚至將母親因聽信俗傳割股可以療病之說，於是割臂肉和藥以治其胞弟的故事詳盡描述，其文字直可入列朝列女傳中而不覺歧異。文字如下：

> 先母愛弟妹最篤，尤恐弟疾不起，老母暮年更無以堪；聞俗傳割股可療病，一夜閉戶焚香禱天，欲割臂肉療弟病。先敦甫舅臥廂室中，聞檀香爆炸，問何聲？母答是風吹窗紙，令靜臥勿擾。俟舅既睡，乃割左臂上肉，和藥煎之。次晨，奉藥進舅，舅得肉不能嚥，復吐出，不知其爲姊臂上肉也。先母拾肉，持出炙之，復問舅欲吃油炸鍋巴否，因以肉雜鍋巴中同進。然病終不愈。❽

---

❻ 較詳盡的如陸發春，〈胡適和他的家庭〉，見氏編，《胡適家書》，頁1-48。沈衛威，〈五四知識分子思想行爲的逆差與衝突〉，見劉青峰編，《胡適與現代中國文化的轉型》（香港：香港中文大學出版社，1994），頁169-190。

❼ 見陸發春編，《胡適家書》，頁134。該信寫於1918年6月20日。作此誇讚語的是著名教育家黃炎培，黃的父親黃燁林與胡適父親胡傳（鐵花）曾是吳大澂幕府中的同僚。

❽ 胡適，〈先母行述〉，《胡適文存》一集四卷，《作品集》6，頁181。

這段文字當然也可以理解爲胡適哀憐其母之愚誠，然而，「吃人的禮教」這個名詞始於魯迅成名小說〈狂人日記〉，在小說所控訴的種種禮教吃人的文化現象中，孝子割股療親，正是受攻擊的重點之一。胡適既接受「吃人的禮教」這種表述方式並爲之推瀾，他不該輕易漠視「割肉」與「吃人」之間的意義聯繫，堂而皇之地用如此細膩入神的筆觸寫出如此一幕血淋淋的場景。然則，是怎樣的一種思想邏輯，可以讓胡適在提倡新文化攻擊「吃人的禮教」的同時，用全副心思描寫割臂療疾這樣的孝行（胡母割臂的基本動機是：「尤恐弟疾不起，老母暮年更無以堪」），而不覺得牴觸矛盾？

答案在於眞情兩個字。

禮本來有重情實和重文飾或節制兩層意義。《論語》中孔子論禮，最爲人熟知是重情實的幾處談話，如：「禮云禮云，玉帛云乎哉？樂云樂云，鐘鼓云乎哉？」「禮，與其奢也寧儉；喪，與其易也寧戚」，「人而不仁，如禮何？人而不仁，如樂何？」但孔子有時也強調禮的節制作用，如〈爲政〉篇說：「道之以政，齊之以刑，民免而無恥；道之以德，齊之以禮，有恥且格」，〈泰伯〉：「恭而無禮則勞，愼而無禮則葸，勇而無禮則亂，直而無禮則絞」。

這兩種意義在後世都有所發展，重視節制意義的如《禮記·王制》：「司徒脩六禮以節民性」；〈祭義〉：「立愛自親始，教民睦也；立敬自長始，教民順也；教以慈睦，而民貴有親；教以敬長，而民貴用命。孝以事親，順以聽命，錯諸天下，無所不行。」而在理論上發揮得最透徹的莫如〈禮運〉所說：

　　夫禮，先王以承天之道，以治人之情。……何謂人情？喜怒

哀懼愛惡欲，七者弗學而能。……講信修睦，尚辭讓，去爭
奪，舍禮何以治之？飲食男女，人之大欲存焉；死亡貧苦，
人之大惡存焉。故欲惡者，心之大端也。人藏其心，不可測
度也。美惡皆在其心，不見其色也，欲一以窮也，舍禮何以
哉？

重視情實意義的以鄭樵〈禮以情為本〉一文最富思想史價值。該文
說：

禮本於人情，情生而禮隨之。古者民淳事簡，禮制雖未有，
然斯民不能無家室之情，則冠婚之禮已萌乎其中。不能無追
慕之情，則喪祭之禮已萌乎其中。不能無交際之情，則鄉射
之禮已萌乎其中。自是已還，日趨於文。燔黍捭豚，足以盡
相愛之禮矣，必以為未足，積而至於籩豆鼎俎。徐行後長，
足以盡愛敬之禮矣，必以為未足，積而至於賓主百拜。其文
非不盛也，然即其情而觀之，則籩豆鼎俎，未必如燔黍捭豚
相愛之厚也，賓主百拜，未必如徐行後長相親之密也。大抵
禮有本有文，情者其本也。

鄭樵認為禮的節文是「積」的，是後起的、外加的，情才是本然的、
內發的。所以禮的本是情而不是文，文再怎麼講究，未必有情的厚
密。這種強調禮意之真情的態度，也正是胡適在五四時代對待禮教
的態度。胡適在改革喪禮時，把這種態度發揮得最為明顯。

　胡適母歿於 1919 年 11 月，噩耗傳至時，胡適正準備為北京通
俗講演社講演「喪禮改良」。在青年學生的殷盼下，胡適對自己的

家族喪禮作了大膽的改革。首先在訃帖設計上，胡適不用「不孝……禍延孝妣」、「孤哀子泣血稽顙」等舊習俗的標準格式，只說先母病歿於某時某地，署名是「胡適謹告」，不鬧「無意識的虛文」。

受弔的傳統規矩是弔客來弔時主人男婦舉哀，客去哀止。大戶人家弔客多的，還得僱人代哭。胡適認為這是「作僞的醜態」，引古人「哀至則哭」之意，「哭不必做出種種假聲音，不能哭時，便不哭了，決不爲弔客做出舉哀的假樣子」。

胡適故鄉徽州也是朱子的故鄉，代代有禮學專家，祭禮最講究，一獻之禮，賓主百拜，每一個祭總得兩三個鐘頭，從家祭到送祭，要鬧上七、八天。胡適認爲那都是在「做熱鬧，裝面子，擺架子」，他改爲本族公祭與親戚公祭兩次，每祭公推一人主祭，其餘陪祭，「十五分鐘就完了」。

在喪服方面，出殯時他穿麻衣，不戴帽，不執哭喪杖，不用草索束腰。不戴帽是因爲不用俗禮高粱孝子冠，但沒有適合的禮帽，所以用「表示敬意的脫帽法」；不用杖是因爲根本做不到半死的樣子，不必裝「杖而後行」的門面。殯後應有三年喪服，要穿戴布棉袍、布帽、白帽結、白鞋。胡適前後共穿了五個多月的喪服，便在天熱時換下改穿綢紗了。有人問他行的是什麼禮，他說是《易傳》說的太古時「喪期無數」之古禮，這種「古禮」最爲有理，因爲「人情各不相同，父母的善惡各不相同，兒子的哀情和敬意也不相同」，所以「最好辦法是，喪期無數，長的可以幾年，短的可以三月，或三日，或竟無服」。不但期限自由，連服制也不必受限，「親屬值得紀念的，不妨爲他紀念成服；朋友可以紀念的，也不妨爲他穿服」。以胡適對他母親的感情，當然不止五、六個月的紀念，但胡適又認

爲，紀念的方法很多，何必單單保存這三年服制？他說：

> 我因爲不承認「穿孝」算「孝」，不承認「孝」是拿來穿在
> 身上的，所以我決意實行短喪。⑲

可見胡適判斷一種禮制是否應有規範性的標準，主要是立足在個人
情實上，也就是他所說的「尊重良心的自由」。⑳他所重視的是禮
制背後的個人內在眞誠的問題，所反對的是虛僞與壓制。但事實上，
禮所代表的不止是這非黑即白的兩個區域，它主要的功能其實更多
發揮在一個中間地帶——意義建溝和象徵的世界。這些牽涉到現代
詮釋學的問題，思想一貫質直的胡適顯然並不願多作思考，正如他
在文學批評上從不思考象徵主義方面的問題一樣。《禮記·檀弓下》
早已說過：「有直情而徑行者，戎狄之道也，禮道則不然」，〈禮
器〉則說：「禮之近人情者，非其至也」。胡適所推崇的戴震，一
面說：「理也者情之不爽失者也」，一面也須加以補充說：「使人
情而果從，是亦亂耳，是亦篡耳。」㉑強調禮義典制的必要性。

　　胡適在改革自家所行之喪禮時，對禮似乎作了過多直情主義的
思考，其在思辨深度上顯然不足，在廣度上也有欠恢宏。他主要的
貢獻，是促使禮教自由化，將禮制從秦漢以來「外壓」導向的發展
形式，轉爲強調「內生」導向的新思潮。

---

⑲　以上所引胡適對喪禮改良之意見，均見氏著，〈我對於喪禮的改革〉，《胡
　　適文存》一集四卷，《作品集》6，頁95-109。

⑳　同上，頁105。

㉑　戴震，《經考》卷五「不書即位」，《戴震全書》二（合肥：黃山書社，1994），
　　頁330。

但在學術上，胡適對禮的認知並非停留在任情而行的層級，而有著較爲全面的分析。他在《先秦名學史》上說：

> 禮是一套明確的禮儀法則，一種禮法，君子用禮來調節他們自己的行爲。[102]

說明禮是有修養的人——君子——調節行爲的方法，本身並不一定要「吃人」，而且具有「明確」可成爲「法則」的特質，自有社會文化上的需要。在《中國哲學史大綱卷上》一書中，胡適對禮有更爲全面的分析。他說：

> 禮的觀念凡經過三個時期：第一，最初的本義是宗教的儀節；第二，禮是一切習慣風俗所承認的規矩；第三，禮是合於義理可以做行爲模範的規矩，可以隨時改良變換，不限於舊俗古禮。[103]

胡適面對的禮，顯然包括上述三種在內。宗教儀節向爲其所輕視，習慣風俗迫切需要改革，合於義理可以做行爲模範的禮，當然有其社會文化價值，但基於實驗主義眞理相對性的觀念，也是「可以隨時改良變換」的。這是胡適對禮或禮教的根本態度。

這種態度是否過於強調禮的工具意義而忽略價值意義？相對於宋明理學天理觀念下的禮而言，情況誠然如此，禮已經不再是「理之不可易者」，也不再是「天理之節文」。不過，相對於康有爲所

---

[102] 胡適，《先秦名學史》第二編第五章「正名與正辭」，收入姜義華編，《胡適學術文集·中國哲學史》下（北京：中華書局，1998二刷），頁811。

[103] 胡適，《中國古代哲學史》第五篇「孔門弟子」，《作品集》31，頁123-124。

說，禮是「事爲之防，曲爲之制」的「粗末者」而言，⑭胡適至少還未將禮放在這樣一個柸棬式的地位，以爲禮只有外鑠防制的意義而沒有內在喜悅涵泳的意義。胡適說：

> 禮的作用也分三層：第一，禮是規定倫理名份的；……第二，禮是節制人情的；……第三，禮是涵養性情，養成道德習慣的。⑮

胡適並不認爲人有先天內在德性，但隨著文化的發展，人可以養成道德人格，建構主觀內在的道德世界。禮可以精微地「涵養」性情，並不只是粗末防制。涵養的結果，如本書第二章所述的，個人道德行爲仍係出自內在眞誠，仍然是胡適所說的「內容的道德」，並無強制之意。

被胡適稱爲北宋思想家中「幾乎沒有一個對手」的李覯（1009-1059），對禮和情的關係曾經有過這樣的論述：

> 人之生也，莫不愛其親，然後爲父子之禮；莫不畏其長，然後爲兄弟之禮；少則欲色，長則謀嗣，然後爲夫婦之禮；爭則思決，患則待救，然後爲君臣之禮。……
> 有是情而無是禮，則過惡襲之，情雖善，未如之何。故父子之禮廢，則子將失其孝……一失之則爲罪辜，爲離散。向之

---

⑭　康有爲說：「蓋禮以防制爲主，荀子傳之，故禮經三百，威儀三千，事爲之防，曲爲之制。故荀子以人性爲惡，而待隴括之，傳小康據亂之道，蓋得孔子之粗末者也。」見康氏《孟子微・序》。

⑮　同註103，頁124-127。

> 所謂情者，雖積於中，安得復施設哉？故曰：因人之情而把
> 持之，使有所成就也。
>
> 然則有禮者得遂其情，以孝以弟以忠以義，身尊名榮，罔有
> 後患……無禮者不得遂其情，爲罪辜，爲離散，窮苦怨悔，
> 弗可振起。🄖

因爲被《宋元學案》稱譽爲「宋世學術先河」的胡瑗（安定，993-1059）
說過：「民之於禮也，如獸之於圃也，禽之於紲也，魚之於沼也，
豈其所樂哉？勉強而制爾。民之於侈縱奔放也，如獸之於山藪也，
禽之於飛翔也，魚之於江湖也，豈有所使哉？情之自然爾。」🄗將
情與禮視同對立，認爲順情之自然而行，則爲侈縱奔放，如禽獸之
無拘束，而禮正爲拘束勉強而設，不得任情。李覯乃移書亟爭，強
調禮實出自人之內在情感需要，「因人之情而把持之」，初無視情
欲爲大敵，必縲紲之、拘束之之意。相反，因禮之設，使原來積於
中的情因勢導出，得免除過惡而達遂天情。胡適贊成李覯的見解，
認爲「禮制若違反人情，就不能存在了。」🄘不但如此，他還稱讚
李覯對禮有一個大貢獻，就是將禮說成是根據「人之性欲」而有的
法制，不是空闊的虛談。他說：

> 李覯的大貢獻是把五常之中最具體的一項提出來，特別注重。
> 他說的禮不是那懸空闊大的虛談，乃是那根據於人的性欲上

🄖　胡適，〈記李覯的學說〉，《胡適學術文集·中國哲學史下》，頁963。引
　　文見李覯〈與胡先生書〉，《直講李先生集》（四部叢刊本）。

🄗　同上。引文見胡瑗〈原禮篇〉，《安定遺書》。

🄘　前揭書，頁962。

的法制。他說：「禮者，先王之法制也」。用「法制」來解釋「禮」有兩層好處：第一，法制是應用的；第二，法制是在外面的，是具體的制度。這樣一來，可以掃除許多無稽的玄談。⑩

既主張禮是具體的、外面的「法制」，則不可能同時贊成任情而行，這應該是很清楚的、不容悖謬的邏輯。至於說現行禮教已經完全脫離了自然真情，所以需要打倒，那是另一回事。打倒此禮教時，另一可被接受的禮制依然具有「法制」意義，依然不容任情而行。事實上，胡適不但認可禮是一種順人情的法制，他更進一步認為，禮制在社會生活中的建立，滿足人民生活情感需要，是「中國近世哲學的中心問題」。他注意到李覯排拒佛教提倡禮制，是「想用儒家的禮教來代替佛道的儀式」，因為「儒失其守，教化墜於地，凡所以修身正心養生送死，舉無其柄」，所以當「釋之徒以其道鼓行之」，有宗教典禮去滿足民眾養生送死等情感寄託時，就「焉往而不利」了。當時歐陽修著〈本論〉，也說「禮義者，勝佛之本也。今一介之士知禮義者，尚能不為之屈，使天下皆知禮義，則勝之矣。」持論亦與李覯同。⑩胡適對這種看法甚表同情，他說：

> 他（李覯）極力說明禮制是順人情的，是適用的。他要使儒家相傳的禮教──「凡所以修身正心養生送死」──回復他們舊有的勢力，範圍社會的一切生活，滿足「民之耳目鼻口心

---

⑩　同上，頁965。
⑩　同上，頁967。

知百體」的需要。這是中國近世哲學的中心問題。⑪

李覯看出佛教最吸引民眾的，是他們能夠提供一套與教義相配合的儀式，使民眾「童而老，約而泰，無日不在於佛。」胡適對李覯的觀察結果不勝感慨，他說：

> 這一段說的最感慨。釋氏所以大行於世，只為他們「善自大其法」，故儒者的問題也是「如何自大其法」？釋氏能使人「童而老，約而泰，無日不在於佛，民用是信，事用是立。」故儒家的問題也是如何能使人「童而老，約而泰，無日不在於儒，民用是信，事用是立。」懂得這個中心問題，方才可以瞭解近世哲學。⑫

胡適在社會文化上排佛態度的堅決，堪追韓愈、李覯前武，他對儒家禮教的感慨，相信也跟李覯一樣。禮教在近代中國並未形成社會生活中有效的法制，解決各年齡層各階層的合理情感寄託需要，它只成了正統壓力的「紀綱」，成了胡瑗筆下的縲洩圄圉。胡適自身所作的喪禮改革的實驗，由於在內容上缺乏可資借助的資源，以至自然之情成了唯一判斷標準，顯得有點任情而行。究其目的，則是試圖拼湊出新的「法制」，在他心目中這個「中國近世哲學的中心問題」上，貢獻一個知識分子的心力。

---

⑪ 同上，頁968。
⑫ 同上。

第五章　胡適與中國文學傳統

第一節　以質救文

　　無論從思想史或文學史的角度來看，五四新文學運動予人的一般印象，似乎是破壞遠重於建設，重視社會效果遠過於重視文學藝術本質。換言之，這是一場思想或思想表達工具的「革命」，而不是文學藝術本身的現代性建構。於是，有人形容五四文學理論是膚淺的、粗糙的，根本不成為理論；也有人用啓蒙時代的必然性來解釋此現象，無形中卻更坐實了此一膚淺、粗糙的型鑄。實況是否如此？「革命」是否並未建立新的典範？抑或，此一典範並非依照現代人熟識的西方文學理論模式去建構，而潛藏在傳統與現代交界之另類空間中，有待我們用更符當時歷史實況的思維模式去發掘？

　　強調「革命」，重視社會效果，自是五四新思潮每一環節都存在的客觀事實，這是不必爭議的。要澄清的問題是：新文學運動時所提出的理論，是否真是只在理論殿堂的大門外徘徊，僅具歷史意義而乏思辨價值？文學革命與思想革命同時並起，兩者自有其相輔相成的緊密關係，但如果我們將思想革命視為正因素而非負因素，則文學革命有否形成一種與當時思想革命配套的理論系統，而同時也有本身獨立的有價值的理論建構？此一處於東西文化激撞階段的

理論建構，放置於傳統中國文學理論系統之創化發展、或現代文學理論系統之裂變創造的架構中，又當如何定位？在這些問題未經同情而深入的探討之前，五四——無論就思想或文學的意義而言，都將一直停留在「革命」之模糊印象中，無法呈現其融貫古今東西而確能自成典範的恢宏氣象。

　　胡適一九一七年一月在《新青年》二卷五號發表的〈文學改良芻議〉，被公認是揭開新文學運動序幕的檄文，陳獨秀在二月緊接著發表〈文學革命論〉時，由於已被發表爲北京大學文科學長，❶故順理成章地也將此一運動帶進《新青年》與北大版圖內進行，得到《新青年》作者群與北大師生如錢玄同、劉半農、沈尹默、李大釗、傅斯年等人的熱烈參與，更重要的是，得到新任北大校長蔡元培全力支持，從而迅速擴張成爲席捲全國的新風潮。

　　〈文學改良芻議〉中的主要意見醞釀於一九一五至一九一六年胡適在留學生團體中宣揚「文學革命」之際，❷目前所見最早最具

---

❶　蔡元培於一九一六年底到北京，次年一月四日就北大校長職。蔡氏〈我在北京大學的經歷〉一文追述，彼到北京後，經湯爾和等人推荐，聘陳獨秀爲北大文科學長。一九一七年二月一日出版之《新青年》二卷六號通信欄上，有程演生致函陳獨秀謂：「讀報得知足下近長北京大學文科。」陳獨秀於是年八月北上履任。

❷　胡適一九一五年九月寫詩送梅光迪赴哈佛，中有句云：「神州文學久枯餒，百年未有健者起。新潮之來不可止，文學革命其時矣。」已揭出文學革命口號。見胡適，〈逼上梁山〉，載《中國新文學大系·建設理論集》（上海：良友圖書公司，1936）。當時其他新文化運動領導人也逕稱胡適發起者爲「文學革命」，並不因胡適自言「改良」而有所懷疑。如魯迅說：「中國雖然有文字，現在卻已經和大家不相干，用的是難懂的古文，講的是陳舊的意思……首先來嘗試這工作的是……胡適之先生所提倡的文學革命。」

體之相關文字呈現，是一九一六年二月三日《留學日記》所載寫給梅光迪（1890-1945）的信，信中強調：「今日文學大病，在於徒有形式而無精神，徒有文而無質，徒有鏗鏘之韻貌似之辭而已。今欲救此文勝之弊，宜從三事入手：第一、須言之有物；第二、須講文法；第三、當用「文之文字」時不可避之。三者皆以質救文勝之敝也。」❸同年八月，胡適在給朱經農的信中，將三事擴充爲八事，❹約略同時，他也在給陳獨秀的信中列出同樣的八事，認爲這是「注重言中之意，文中之質，軀殼內之精神」的具體方法，可救百年來文學上的「文勝質」之弊。胡適以八事救「文勝質」之弊的意見讓陳獨秀「合十贊歎，以爲今日中國文學界之雷音」，要求胡適詳其理由，衍爲一文。❺〈文學改良芻議〉中系統化的「八不主義」主張，就這樣衍生出來了。

　　胡適文學革命的主張中最具影響力的當然是「活文學」或白話文學的提倡，這已是文學史上眾所皆知的事，學界已有足夠的精彩論述，這裏應該不必再贅論了。❻然而，正如胡適自己所承認的，

　　見魯迅，〈無聲的中國〉，《魯迅全集》第四卷（人民出版社十二卷本），頁11-15。

❸　見《胡適留學日記》（三），1916：2：3，《胡適作品集》36（臺北：遠流出版公司，1988三版，以下簡稱《作品集》），頁251。

❹　《胡適留學日記》（四），1916：8：21，《作品集》37，頁96。

❺　《新青年》二卷二號，「通信」（上海：亞東圖書館，1935年）重印本。

❻　英國學者杜博妮教授對白話文學在新文化運動中的意義問題有詳盡討論，見Bonnie S. MacDougall, *The Introduction of Western Literature Theories into Modern China 1919-1925*（Tokyo: Centre for East Asian Studies, 1967），Chapter 5, pp.1-13。又耿雲志先生亦對此問題作過深入周延之研究，見氏著，

「活文學」或白話文學的主張顯然較偏向於文字工具方面，**❼**而文學革命在提出的當時，當然不可能只有文字工具上的意義。那末，在一九一八年底周作人提出「人的文學」主張而被廣泛承認爲新文學運動在內容建設上的基調之前，**❽**胡適與陳獨秀在新文學內容建設上的主張到底是什麼？

陳獨秀一九一五年在《新青年》一卷三號上通過對現代歐洲文藝史的介紹，表明了他傾向於寫實主義的文學觀點，他說：

> 歐洲文藝思想之變遷，由古典主義（Classicalism）一變而爲理想主義（Romanticism），此在十八、十九世紀之交，文學者反對模擬希臘羅馬古典文體，所取材者，中世之傳奇，以抒其理想耳。此蓋影響於十八世紀政治社會之革新黜古以崇

〈胡適與國語運動〉，載《胡適新論》（長沙：湖南出版社，1996）。

❼ 胡適在《中國新文學大系·建設理論集》之〈導言〉說：「簡單說來，我們的中心理論只有兩個：一個是我們要建立一種『活的文學』，一個是我們要建立一種『人的文學』。前一個理論是文字工具的革新，後一種是文學內容的革新。」又在同書之〈逼上梁山〉文中說：「一部中國文學史只是一部文字形式新陳代謝的歷史，只是活文學起來代替了死文學的歷史。」胡適這種說明對後人的研究產生了很大影響，西方著名的胡適研究者賈祖麟即說，「文學革命概括描述的是，在胡適〈芻議〉發表之後，在1917年及其後幾年中導致學校、報刊、雜誌以及新文學作家，紛紛接受了比古典語言接近日常口語的新語言等一系列事件。」見Jerome Grieder, *Hu Shih and The Chinese Renainsance* (Cambridge: Harvard University Press, 1970) ,Chapter III.

❽ 周作人〈人的文學〉是新文學運動在內容革新上的定調之作，已見前註胡適所述。更概括性的敘述，可參閱司馬長風，《中國新文學史》上冊（臺北：傳記文學出版社，1991），第九章，「人的文學影響深遠」節，頁116。

今也。十九世紀之末，科學大興，宇宙人生之真相，日益暴露，所謂赤裸時代，所謂揭開假面時代，喧傳歐土自古相傳之舊道德、舊思想、舊制度一切破壞、文學藝術亦順此潮流，由理想主義，再變而為寫實主義（Realism），更進而為自然主義（Naturalism）。❾

在稍後的《新青年》一卷四號「通信」上，陳獨秀將他所認知的歐洲文學進化史應用在中國，強調寫實主義對中國的重要性，他說：

> 吾國文藝，猶在古典主義理想主義時代，今後當趨向寫實主義：文章以紀事為重，繪畫以寫生為重。庶足挽今日浮華頹敗之惡風。❿

事實上，在發表著名的〈文學革命論〉之前，陳獨秀已經被視為寫實主義的重要提倡者。就在刊登〈文學革命論〉的同一期《新青年》上，有程演生氏致函甫獲發表為北大文科學長的陳獨秀，說：「讀報得知足下近長北京大學文科，不勝欣祝。將於文科教授，必大有改革。西方實寫之潮流，可輸灌以入矣。」另有陳丹崖氏亦致函云：「左右所提倡文學寫實主義，一掃亙古浮夸之積習，開中國文學之

---

❾ 陳獨秀，〈現代歐洲文藝史譚〉，《新青年》一卷三號。周策縱先生認為，陳氏文章看來探受法國Georges Pellissier（1852-1918）1901年間所發動「當代文學運動」（Le mouvement litteraire contemporain）影響。見Chow Tse-tsung, *The May Fourth Movement* （Cambridge: Harvard University Press, 1960），Chapter 11, note 22.

❿ 《新青年》一卷四號「通信」。

一大新紀元」，⓫可見當時陳獨秀的文學形象，是完全與寫實主義分不開的。

　　〈文學革命論〉提出三大革命綱領：一、推倒雕琢的阿諛的貴族文學，建設平易的抒情的國民文學；二、推倒陳腐的鋪張的古典文學，建設新鮮的立誠的寫實文學；三、推倒迂晦的艱澀的山林文學，建設明瞭的通俗的社會文學。⓬因為陳氏從來沒有為他所要推倒的和建設的各種「文學」作過明確界說，所以何謂貴族文學何謂國民文學等問題，一直是新文學史上的懸案。⓭假如我們先拋開這些弄不懂的名詞，則有關的形容詞倒都有著很清楚的界定，即陳氏所反對的是雕琢、阿諛、陳腐、鋪張、迂晦、艱澀這類寫作態度和方法，而所希望樹立的則是平易、抒情、新鮮、立誠、明瞭、通俗的創作風格。這當中，平易、明瞭、通俗可歸為一組，與雕琢、迂晦、艱澀相對立，是語言、修辭、讀者效果方面的問題，以寫實文學而言，則是平實、具實之謂。抒情、新鮮、立誠另成一組，抒情在這裏顯然不是指浪漫主義（陳氏譯為理想主義）式的個人情感之纏綿發舒，而是清乾嘉時代詩人袁枚（1716-1798）所謂的「性情遭際，人人有我在焉，不可貌古人而襲之，畏古人而拘之也」之意。⓮性

⓫　《新青年》二卷六號「通信」。一般學者都只研究陳獨秀的思想與政治活動，對陳氏作為當時寫實主義文學主要鼓吹者的事實似尚少注意。

⓬　陳獨秀，〈文學革命論〉，《新青年》二卷六號。收入《陳獨秀文存》卷一（合肥：安徽人民出版社，1987重印）。

⓭　可參閱Marian Galik, *The Genesis of Modern Chinese Literary Criticism 1917-1930* （Curzon Press, 1980）,Chapter 1所述陳獨秀文學思想部分。

⓮　袁枚，〈答沈大宗伯論詩書〉，《袁枚全集（二）·小倉山房文集》卷十七（南京：江蘇古籍出版社，1997），頁283。

情及所感受的遭遇，是人人不同的，只要忠實於自己親身經驗的感情，則此感情必然是獨特的，「我」的，不可模仿不可拘守的。這樣一種源自個別內在真實自我之感情，永不重複、毋庸剽竊，故出必新鮮、必立誠，與阿諛、陳腐、鋪張相對，是情感、思想、精神、風骨方面的問題，即寫實文學中真實、確實、誠實等要求之滿足。

　　胡適在〈文學改良芻議〉中所列的文學改良八事，依次為：一、須言之有物；二、不摹仿古人；三、須講求文法；四、不作無病之呻吟；五、務去爛調套語；六、不用典；七、不講對仗；八、不避俗字俗語。⑮其中，三、五、六、七、八各點是語言和技法問題，共同目的亦正在於謀求創作手法之平易、明瞭、通俗。「言之有物」一條，據胡適自己的說明，是指「高遠之思想」與「真摯之情感」，與陳獨秀自己說的「抒情」可以互相發明。不模仿古人是明代公安派的主要命題，不模仿的反面當然是獨創，是「新鮮」。不作無病之呻吟一事，在胡適本意，是針對「春來惟恐其速去，花發又懼其早謝」的「亡國哀音」而發，希望提倡一種「奮發有為、服勞報國」的樂觀進取文學，與他早年在康乃爾大學得獎論文〈卜朗吟的樂觀主義〉中的精神，一脈相承。⑯但一般人的理解，都將無病呻吟這一條視為「須言之有物」的反面說明，⑰陳獨秀可能也抱著這樣的

---

⑮　胡適，〈文學改良芻議〉，《作品集》3，頁5-18。

⑯　這篇英文論文作於1914年，英文篇名為"A Defense of Browning's Optimism"，為康乃爾大學Hiram Corson Browning Prize之得獎論文。收入周質平編，《胡適英文文存》（臺北：遠流出版社，1995）第一冊。

⑰　如司馬長風即認為：「第一項須言之有物與第四項不作無病呻吟，實在是一事的兩面說法，沒有列成兩項的必要。」見氏著《中國新文學史》上冊，頁43。

看法，所以在他的「立誠」與胡適的「不作無病呻吟」之間，還是可以相通的。

由此可知，當陳獨秀寫作〈文學革命論〉一文時，他確實有認真地參考胡適的理論主張，將胡適八事中蘊涵的思想、感情、獨創、平易、明暢、通俗等因素盡行吸收，形成一種以「國民寫實文學」為中心的文學革命主張。因為是「國民」的，所以在語言上力求「清水出芙蓉，天然去雕飾」的天真樸實之美，反對聲偶藻飾。所謂「國風多里巷猥辭，楚辭盛用土語方物，非不斐然可觀」者是也；因為是「寫實」的，所以要「赤裸裸的抒情寫世」，「抒情」與「寫世」相連，在西方寫實主義理論中很難解釋，**⓲**在陳獨秀則視為當然，因為陳氏所最重視的，乃是「質」與「誠」兩個因素，而這種觀點，也正是胡適文學理論的中心理念。

胡適後來追述文學革命運動之肇始時，總以提倡「活文學」或「白話文學」一事，來概括此一歷史過程，一般人也就容易將文學革命等同於白話文學運動，其實這是不太完整的事實陳述。「活文學」或「白話文學」固然是胡適文學革命理論之中心主張，但白話並非只具語言形式的意義，它同時具有內容上的「質」的意義，此一部分，常為後人忽略。在胡適最初所提的文學改良八事中，與鼓吹白話文之語言形式直接有關的，僅有最後「不避俗語俗字」一條，其他「須言之有物」等七事，都不一定要跟語言形式有關。**⓳**翻開

⓲ 韓南教授在討論魯迅小說中「抒情式的寫實」時，對這個問題有深入獨到見解，見Patrick Hanan, " The Technique of Lu Hsun's Fiction ", *Harvard Journal of Asiatic Studies* 34（1974）, pp.55-90.

⓳ 大陸學者胡明提出過一個有趣的觀察說：「胡適關於白話文學的理論主張

歷代文論，在詩、文創作中，反用典、反摹仿、反對爛詞套語的，乃代有其人。鍾嶸「至吟詠情性，亦何貴於用事？」及「觀古今勝語，多非補假，皆由直尋」，❷即已反對用典；韓愈「唯陳言之務去」，發揮書寫文字獨創自造之精神；❷公安三袁獨抒性靈的反模擬主張，在五四以後普受推崇，即被視爲主張「擬古」而與公安派站在對立面的李夢陽（1472-1529）、何景明（1483-1521）等人，在理論上也反對作「古人影子」，❷主張「捨筏達岸」，要「自創一堂室，開一戶牖，成一家之言，以傳不朽者」。❷因此，單從「須

有一串不斷簡約的行動口號：從最初的『不做言之無物的文字』等八不主義，變成『要有話說，方才說話』等四條原則，又簡約爲兩句話：『國語的文學，文學的國語』。」見氏著，〈中國新文學的轉型與胡適〉，載耿雲志編，《胡適研究叢刊》第三輯（北京：中國青年出版社，1998），頁2。胡氏所言一連串不斷簡約的過程，其實就是胡適逐步走向以白話語言形式來界定文學革命內容的過程。

❷　鍾嶸，〈詩品序〉，王叔岷師，《鍾嶸詩品箋證稿》本（臺北：中央研究院中國文哲研究所，1992），頁93。關於鍾嶸反對用事用典的討論，見羅根澤，《中國文學批評史》（臺北：學海出版社，1990）第九章，頁264-267。

❷　參閱羅根澤前揭書第七章「韓柳及以後的古文論」，頁468-470。

❷　李夢陽〈駁何氏論文書〉云：「子摘我文曰：子高處是古人影子耳……假令僕竊古之意，盜古形，剪截古辭以爲文，謂之影子誠可。若以我之情，述今之事，尺寸古法，固襲其辭……此奚不可也？」見《空同先生集》卷六十一（臺北：偉文出版社，明代論著叢刊本）。

❷　何景明〈與李空同論詩書〉云：「今爲詩不推類極變，開其未發……徒敘其已陳，修飾成文，稍離書本，便自杌隉……雖由此即曹劉、即阮陸、即李杜，且何益於道化也？佛有筏喻，言捨筏則達岸矣，達岸則捨筏矣。……自創一堂室，開一戶牖，成一家之言，以傳不朽者，非空同撰焉，誰也？」見《何大復集》（鄭州：中州古籍出版社，1989）。

言之有物」等七事看來，胡適其實並未脫離傳統文論所關懷的主流命題，即文質相勝的問題。從前文所引胡適致梅光迪、朱經農等氏之信中可以看出，如何以質挽救近百年來文學界的「文勝之敝」，一直是胡適在文學改良問題上思考的重點，以白話此一語言形式作詩作文，固然是用質救文的有效方法，但並不是文學改良的全部內容，而且，這個方法連胡適自己都感到過於激烈，在一九一七年之前從未夢想過會真正成功，而只是當作自己一個人所要辦的實地試驗。胡適《留學日記》中保存了一些重要資料，顯示在文學革命成功之前夕，胡適自己對白話文學之普及化並不具有信心、也不認為須要為人人所接受。《留學日記》中說：

> 我主張用白話作詩，友朋中很多反對的。其實人各有志，不
> 必強同。我亦不必因有人反對不主張白話，他人亦不必都用
> 白話作詩。白話作詩不過是我所主張「新文學」的一部分，
> 前日寫信與朱經農說：新文學之要點，約有八事⋯⋯能有這
> 八事的五六，便與「死文學」不同，正不必全用白話。白話
> 乃是我一人所要辦的實地試驗。倘有願從我的，無不歡迎，
> 卻不必強拉人到我的實驗室中來，他人也不必定要搗毀我的
> 實驗室。

上述日記寫於 1916 年 8 月 21 日，距〈文學改良芻議〉在《新青年》正式發表不過四個多月。《留學日記》中表明：「白話作詩不過是我所主張的新文學的一部分」，「白話乃是我一個人要辦的實地試驗」，「他人亦不必都用白話作詩」，胡適對各類文學創作是否應該全部改用白話，可說是尚未有一種堅定的信念與看法。他個人願

意用全力從事這種「實驗」，只希望別人不要來「搗毀我的實驗室」。至於他人是否要跟他一樣去實驗寫白話詩，他是並無定見而且也不會用「革命」去強迫發動的。我們不妨這樣設想，假如「文學革命」沒有成功，白話未變成文學正宗，則胡適的「實驗」，可能只會讓他在文學史上留下一個跟王梵志或寒山拾得差不多的名聲，而他會否像王梵志和寒山那樣一輩子滿足於寫白話詩，則還在未定之天。❷❹強調白話語言形式在「文學改良」或「文學革命」構思中的至尊獨重性質，那是胡適後來在追寫〈迫上梁山〉等回憶文字時的追補措施，而在當時，以白話作詩作文等理念，固然是胡適竭力提倡的主張，卻非「文學改良」或「革命」的全部內容，也不是胡適批判「舊文學」的主要依據。胡適說：「新文學之要點，約有八事……能有這八事的五六，便與死文學不同，正不必全用白話」，正可見文學改良八事與白話語言形式之間，仍各有不同指涉，未可混為一談。

　　上述論證並非要否定白話語言形式在胡適文學理念中之重要性。「要須作詩如作文」，「以白話為文學正宗」等主張，從一開始就是胡適文學革命思想的主要成份，在《留學日記》中，鼓吹白話文學之處，尤不勝數指。如謂：「白話的文學為中國千年來僅有之文學，其非白話的文學，如古文，如八股，如筆記小說，皆不足與於第一流文學之列」；及「文言的文字可讀而聽不懂，白話的文

---

❷❹　胡適曾對友人說：「公等假我數年之期，倘此新國（白話詩）盡是沙磧不毛之地，則我或終歸老於文言詩國，亦未可知。」可見胡適原定的實驗期只是數年，數年後不成功則他很有可能回到文言詩國。見《胡適留學日記》（四），《作品集》37，頁91。

字既可讀，又聽得懂，……今日所需，乃是一種可讀、可聽、可歌、可講、可記的言語。要讀書不須口譯，演說不須筆譯，要施諸講壇舞台而皆可，誦之村嫗婦孺而皆懂。不如此者，非活的言語也，決不能成為吾國之國語也，決不能產生第一流的文學也。」❻種種言論，皆表明胡適對建立白話或國語文學的重視。

　　這裏所要指出的是：白話語言形式雖然重要，卻非如胡適在事後所追述的那樣，是他在醞釀與提出文學改良主張時唯一關懷的重點。文學改良不是與傳統文學一刀兩斷式的決裂，它本身仍有相當部分立足於傳統，關懷的仍然是傳統文論、詩論一直反復討論、辨證的命題，其中尤以文質代變、載道對言志、雅對俗、摹擬對創新等問題為主要論域。胡適文學改良八事中主要論述的，就是這些南北朝以來歷代文論家共同關心的論題，「言之有物」、「不用典」、「不講對仗」三事，是以質代文的主張；「不摹仿」、「不作無病呻吟」中的內容部分，是鼓吹言志反對載道，形式部分則屬摹擬與創新問題；「言之有物」中強調「真摯之情感」與「高遠之思想」者，則又針對「文以載道」而發；「務去爛調套語」是反摹擬反載道；「不避俗字俗語」一事中除以白話為文學正宗之論述為極富革命性之創見外，餘皆沿承黃遵憲（1848-1905）、梁啟超以來「詩界革命」、「文體革命」之潮流更予助瀾，是明中葉以後雅俗文學之爭的延續。

　　對這些傳統文論中歷久彌新的論題，胡適在作最概括性的陳述時，就以文、質一組概念來代表。他在醞釀文學改良八事的過程中，

---

❻　同前揭書，頁46。

先後寫信給梅光迪、陳獨秀等人時，都強調：「今日文學大病，在於徒有形式而無精神，徒有文而無質」；❷❻「綜觀文學墮落之因，蓋可以『文勝質』一語包之。」❷❼在正式發表的〈文學改良芻議〉一文中，胡適也在「須言之有物」一事中指出：「近世文人沾沾於聲調字句之間，既無高遠之思想，又無眞摯之情感，文學之衰微，此其大因矣。此文勝之害，所謂言之無物者是也。欲救此弊，宜以質救之。質者何，情與思二者而已。」❷❽

　　由此可知，在醞釀與提出文學改良八事期間，胡適用以支撐其整體理念架構的，並非只有「以白話爲文學正宗」此一語言形式條件，而必須加上「以質救文」此一具有深厚中國文論傳統的概念。❷❾白話不是不重要，但在胡適當時的理念中，它是一種個人的、前衛的實驗，而不是具有普遍典範意義的新文學理論。以白話爲文學正宗的理念「意外」地爲北大趨新派師生和《新青年》作、讀者群大力支持之後，胡適才在一九一七年五月發表的〈歷史的文學觀念論〉短文，以及在一九一八年四月發表的〈建設的文學革命論〉長文中，集中宣揚白話文學的理念。然後，在後來一系列追憶文學革命源起的文字中，胡適又選擇性地突出了白話語言形式的重要性，

---

❷❻　《胡適留學日記》（四），1916：2：3，《作品集》36，頁251。

❷❼　胡適，〈寄陳獨秀〉，《作品集》3，頁3。

❷❽　同註15，頁6-7。

❷❾　大陸著名胡適研究學者耿雲志先生已覺察到這個事實，他說：「胡適的文學革命與詩界革命，用意皆起於救文勝之弊，要求文學要有眞實的內容。爲表達眞實的內容而要求文字形式的方便適用。」見氏著，〈胡適與梅光迪——從他們的爭論看文學革命的時代意義〉，收入氏著，《胡適新論》，頁201。

更加深了文學革命就是提倡白話語言形式此一印象，從而模糊了原來還有以「質」、「實」、「誠」等要素爲文學革命主要訴求的理論焦點。「質」、「實」、「誠」原是兼具內容與形式要求的理論，「白話文學」在胡適的陳述中，則是以語言形式的意義爲主。獨重「白話文學」的結果，是連胡適自己都不能不承認他的「活文學」的主張是偏於形式方面的，這樣，便又造成了新文學運動只重形式而缺乏理論建樹的印象。

實際上，文學革命獨重提倡白話文的印象是一種對歷史的誤讀，不符整體事實。爬梳原始史料，重建文學革命源起時之歷史情境可以證明，貫串〈文學改良芻議〉全篇精神的，白話文學之外，尚有以「質」救「文」的主張。此一主張最早僅出現在胡適詩論及詩歌創作實驗中，後乃擴展成爲整體之文學主張。可以說，一九一七年發動文學革命時期的胡適，其文學理論之中心是從以「質」挽救「文勝之弊」此一傳統命題出發的，白話語言形式則包裹在此一命題之中。此一中心概念，陳獨秀對之心領神會、莫逆於心之餘，復將其巧妙地吸納入自己寫實文學的主張中，成爲轉移一代文風的領導性理論。

「質」有兩種涵義，一指文字上的質樸無華，一指眞摯的情感與具體的思想內容，兩者又常密切相關。胡適認爲，「文學的基本作用是達意表情，故第一個條件是要把情或意，明白清楚的表出達出，使人懂得，使人容易懂得。」❸要用清楚明白、容易懂得的文字表達因受內在驅動而不能不表達的情和意，因此反對對仗、反對

---

❸ 胡適，〈什麼是文學〉，《作品集》3，頁235。

用典，主張用俗字俗語，用最自然的「活字」，造二十世紀的活文學。胡適稱這種寫作方法是「樸實無華的白描工夫」，他舉白居易〈道州民〉、杜甫〈自京赴奉先詠懷五百字〉等詩作爲例，說：「這類的詩、詩味在骨子裏，在質不在文。」❸可見其所說的質之涵義。由此推進一步，便形成胡適所謂「胡適之體」詩歌「平實、含蓄、淡遠」的風格。❷陳獨秀的意見與此相同，他認爲，「建意狀物」爲文學之本義，❸此本義爲後來「浮華無學」之「文弊」所掩蓋，於是「浮詞誇語，重爲世害」。與其「以精深偉大之文學救之，不若以樸實無華之文學救之也。」❸

　　強調文學之達意功能，要求文字樸實平易，這在中國文學批評史上是常常出現的一種思潮，孔子的「辭達而已矣」一再受到引用，朱熹（1130-1200）在這方面的意見亦有其權威性，他說：

　　　歐蘇文好處，只是平易說道理，初不曾使差異底字，換卻尋
　　　常底字……作文字須是靠實說，不可架空細巧，大率七八分
　　　實，二三分文。歐文好處，只是靠實而有條理。❸

就平易樸實此一觀點而言，朱熹與陳獨秀、胡適的文學主張可說是一脈相承。至於朱熹的道統觀與天理觀正是陳、胡新文化運動首先要打倒的對象，卻是另一個問題了。

---

❸　胡適，〈嘗試集自序〉，同上，頁210。
❷　胡適，〈談談胡適之體的詩〉，《作品集》28，頁66。
❸　《新青年》三卷二號「通信」。
❸　《新青年》二卷一號「通信」。
❸　《朱子語類》第139條。

晚明公安派的袁宗道（1560-1600）在「辭達」的問題上有與陳、胡二氏更接近的見解：「口舌代心者也，文章又代口舌者也。展轉隔礙，雖寫得順暢，已恐不如口舌矣。況能如心之所存乎？故孔子論文曰：『辭達而已』。達不達、文不文之辨也。」㊱可視爲質樸派理論在近代的代表。

胡適宣揚的「質」，尤重思想與感情。文學改良八事中首先拈出的「須言之有物」一事，即從情感與思想立言。情感須是自己眞摯之情，思想須是自己確實的思想，便是實寫，便是質。斯洛伐克漢學家高力克說，胡適不停強調文學中思想和感情因素的重要，使人聯想到十九世紀末溫徹斯特（C. T. Winchester）的《文學批評的原理》一書。㊲溫氏的書是當時美國大學文學科系普遍流行的教科書，㊳好學不倦的胡適當然有可能參考過。然而，以情感與思想內容爲質的觀點，也是中國傳統文論中本有的說法，胡適對此並不難找到依據。

第二節　寫實主義及其方法

胡適所用來救「文勝之弊」的「質」，與陳獨秀所提倡的「寫實主義文學」，在相當程度上是可以相容的，事實上，胡適在讀了陳獨秀刊於《新青年》一卷四號的通信之後，即曾致函陳氏，對文

㊱　袁宗道，〈論文上〉，《白蘇齋類集》卷二十（臺北：偉文出版社，明代論著叢刊本，1976），頁619-620。

㊲　同註13 Galik書，頁9。

㊳　同註6 MacDougall書。

中所言「吾國文藝猶在古典主義理想主義時代，今後當趨向寫實主義」之論斷，表示贊成。❸但胡適贊同的寫實主義，與後來左翼文學鼓吹的功利寫實文學不同。在胡適看來，寫實只是一種方法，而不是一種教條，尤其不能變成爲功利目的而存在的理念。在寫信給陳獨秀之前，胡適對他稱爲「實際主義」（realism）的寫實主義，也表達過他自己的看法。

　　一九一五年八月三日，胡適在《留學日記》中摘錄了白居易〈與元九書〉之多段文字，認爲這是「實際派文學家宣告主義之檄文」。實際主義是胡適對英文 "realism" 一詞之翻譯，即後來通用之寫實主義或現實主義。儘管胡適欣賞實際主義不事「雕琢粉飾」的「眞率」與「不遺細碎」（details，應爲細節）的「詳盡」，❹卻並不贊同白居易「文章合爲時而著，歌詩合爲事而發」的觀點，認爲文學有「有所爲而爲之者」和「無所爲而爲之者」兩種，白居易、元稹發起的唐代新樂府運動，或以規諫，或以感事，或以淑世，是「有所爲而爲者」；至於在「情動於中而形於言」的狀態下，「或感於一花一草之美，或震於上下古今之大，或敘幽歡，或傷別緒，或言情，或寫恨。其情之所動，不能自已，若茹鯁然，不吐不快。其志之所在，在吐之而已，在發爲文章而已，他無所爲也。」是「無所爲而爲之」的文學。❹

　　胡適認爲，所謂「無所爲而爲之」文學，並非眞的無所爲，「其

---

❸　同註27，頁1。

❹　《胡適留學日記》（三），1915：8：4，《作品集》36，頁145。

❹　前揭書，1915：8：18，頁155。

所為，文也，美感也。」如果忽略了文學的美感的需要，未曾意識到無所為之文學的獨立存在價值，將一切文學都用諷諭、淑世等功利實用眼光去衡量，則正合於「詩道苦矣」這句老話了。白居易以諷諭淑世為文學之唯一功能，「抹倒一切無所諷諭之詩，殊失之隘」，❷其實不足以言文學。

胡適亦針對王安石〈上邵學士書〉所說的：「某患近世之文，辭弗顧於理，理弗顧於事⋯⋯譬之擷奇花之英，積而玩之，雖光華馨采，鮮縟可愛，求其根柢濟用，則篾如也」一段話，指出這種「根柢濟用」的文學觀，和白居易新樂府運動的理論一樣，都是「實際家之言」，他提問說：

> 然文學之優劣，果在其能「濟用」與否乎？作為文辭者，果必有所諷乎？〈詩小序〉曰：「詩者，志之所之也，在心為志，發言為詩。情動於中，而形於言，言之不足，故嗟歎之，嗟歎之不足，故永歌之，永歌之不足，不知其手之舞之，足之蹈之也。」夫至於不知其手之舞之足之蹈之，更何暇論其根柢濟用與否乎？❸

胡適反對以諷諭、淑世為衡量文學之標準，這個態度，和他的詩經學觀點是相一致的。他批評「根柢濟用」文學觀的同時，也質疑漢以來儒者「以《詩》作經讀，而不作詩讀」，❹《詩》三百篇被上

---

❷　同上，頁157、158。

❸　同註41。

❹　胡適，〈論漢宋說詩之家及今日治詩之法〉，見周質平編，《胡適早年文存》，頁378-380。

諷諫外衣，「強爲穿鑿附會，以〈關雎〉爲后妃之詞，以〈狡童〉
爲刺鄭忽之作，以〈著〉爲刺不親迎之詩，以〈將仲子〉爲刺鄭莊
之辭，而詩之佳處盡失矣。」❹要避免這種燕書郢說式的解經，最
好的方法，莫過於將《詩》還原爲獨立自存的眞詩，讀《詩》者須
「唾棄小序，土苴毛傳，排擊鄭箋，屛絕朱傳，於《詩》中求詩之
眞趣本旨焉」，❹詩之眞趣本旨，即在詩所表現的情感與美感，將
〈關雎〉作男女相思之詞讀，這詩就已經是不朽之作，已經具有獨
立自存的文學價值，不必牽強附會到后妃之德、聖王之化。同樣的，
以〈草蟲〉爲男女私相期會之詩，以〈卷耳〉爲思婦懷遠之作，亦
皆不損害其爲千古絕唱之價值。詩並不依附諷諭淑世等實用功能而
存在，它的存在，是因爲它是有自然眞趣的詩。這種見解，與晚明
鍾惺（1574-1624）、譚元春（1586-1631）等人以文學眼光讀《詩》
三百篇的態度遙相契合，開後來古史辨運動之先路，其共同要點，
乃在注重一「眞」字。

　　然而，胡適雖然反對「根柢濟用」的功利實用主學觀點，卻也
不是爲藝術而藝術的唯美派或唯藝術派。《新青年》在創刊後不久，
即譯出唯美派作家王爾德（Oscar Wilde,1854-1900）喜劇《意中人》
（An Ideal Husband），胡適從美國致書陳獨秀，認爲：「王爾德之
《意中人》雖佳，然似非吾國今日士夫所能領會也。」他主張譯書
「須擇其與國人心理接近者先譯之」，否則，「即譯此書者尙未能

---

❹　《胡適留學日記》（三），1915：8：18，《作品集》36，頁157-158。
❹　同註44。

領會是書佳處，況其他乎？而遽譯之，豈非冤枉王爾德耶？」❹胡適並不是不承認王爾德「藝術先於人生的作品」有其獨立價值，但他同時又考慮到社會效果與接受性的問題，覺得在中國當時的現實關懷與心理情境下，是無法躐越種種人生社會問題而去建立純藝術殿堂的。這雙重考慮，使胡適無法簡單地在「實際主義」（realism）與「理想主義」（idealism）之間有一明確傾向。他不接受實際主義的功利觀，因爲那將使文學失去無所爲而爲的價值，失去自然眞趣，但與此同時，他又不能不認可實際主義正視人生社會問題的現實意義。同樣地，胡適不贊同理想主義「言事則設爲鳥託之邦，詠物則驅使故實」，❹卻不能不同情於無所爲而爲的精神與美感。

在兩難之間，胡適排定了一個評估文學作品價值的優先順序，最上者是能兼有「濟用」與「美感」兩種意義的詩文；其次，則雖不能濟用，但確是出於情之所動的作品，仍然是有價值的文學。他說：

> 老杜之〈石壕〉、〈羌村〉諸作，美感具矣，而又能濟用。其律詩如：「落日平台上，春風啜茗時，石欄斜點筆，桐葉坐題詩。翡翠鳴方桁，蜻蜓立釣絲。自今幽興熟，來往亦無期。」則美感而已耳。作詩文者，能兼兩美，上也。其情之所動，發而爲言，或一筆一花之微，一吟一觴之細，苟不涉於粗鄙淫穢之道，皆不可謂非文學。孔子刪詩，不削綺語，正以此故，其論文蓋可謂有識。❹

---

❹　《胡適留學日記》（三），1916：2：3，《作品集》36，頁252。

❹　前揭書，1915：8：3，頁143。

❹　同註45，頁157。

如果是「專主濟用而不足以興起讀者文、美之感情者」，如摹擬聲口、依樣載道的「官樣文章」，或純粹實用的「律令契約之詞」，則並不屬於文學的園地，「不足言文也」。❺⓪

　　胡適一方面肯定文學的非實用價值，一方面亦不排除實用價值的兼容態度，與陳獨秀至為接近。陳獨秀常被說成是功利文學論或文學實用論者，這是很大的誤解。陳獨秀和胡適一樣，都是兼收濟用的觀點，而非獨主濟用。在正式發表〈文學改良芻議〉之前，胡適曾投書《新青年》提出文學改良八事的綱要。針對「須言之有物」一事，陳獨秀的反應是：

> 尊示第八項「須言之有物」一語，僕不甚解……鄙意欲救國文浮夸空泛之弊，祇第六項「不作無病之呻吟」一語足矣。若專求「言之有物」，其流弊將同於「文以載道」之說？以文學為手段為器械，必附他物以生存。竊以為文學之作品與應用文字作用不同，其美感與伎倆，所謂文學美術自身獨立存在之價值，是否可以輕輕抹殺，豈無研究之餘地？❺①

因為胡適在投書中僅提出綱目而未加說明，所以陳獨秀會疑心「言之有物」同於「文以載道」，而大加反對。在此可見陳獨秀並非一個功利文學論者，儘管他強調「人類思想由虛入實」，因此當代文學應該以寫實主義為主流，以便和「自然科學實證哲學同時進步」，❺②

---

❺⓪　同上。

❺①　《新青年》二卷二號「通信」。

❺②　《新青年》一卷六號「通信」。

他卻並不抹殺「文學美術自身獨立存在之價值」，不贊成「以文學為手段為器械，必附他物以生存」。

胡適在寫實主義中也是有取有捨，他反對寫實主義中的功利論傾向，而擁護其紀實與客觀。他說：

> 實際主義者，以事物之真實境狀為主，以為文者，所以寫真、紀實、昭信、狀物，而不可苟者也。是故其為文也，即物而狀之，即事而紀之；不隱惡而揚善，不取美而遺醜；是則是，非則非。舉凡是非、美惡、疾苦、歡樂之境，一本乎事物之固然，而不以作者心境之去取，渲染影響之。是實際派之文學也。❸

根據胡適的說明，實際主義（寫實主義）其實包含了兩個層次，一是要寫出事物之真實境狀，要實際接觸事物，即物而狀之，即事而紀之，不可憑空臆想，不可苟且。二是必須只寫事物之真實境狀，而不作主觀判斷，寫出真實本身即為最高且唯一之目的，真實而是則是，真實而非則非，是非乃在真實之本身，而不由作者主觀心境去取。

這兩個層次對寫實主義的說明，與陳獨秀的理解大致吻合。對第一個層次，陳獨秀曾經斬釘截鐵地說過：「吾國文藝，猶在古典主義理想主義時代，今後當趨向寫實主義，文章以紀事為重，繪畫以寫生為重」。❹對第二個層次，陳獨秀的說明較胡適更據哲學思

---

❸ 《胡適留學日記》（三），1915：8：3，頁143。

❹ 《新青年》一卷四號「通信」。

辨意義，他說：

> 歐洲自然派文學家，其目光惟在實寫自然現象，絕無美醜善惡邪正懲勸之念存於胸中。彼所描寫之自然現象，即道即物；去自然現象外無道無物。此其所以異於超自然現象之理想派也。(55)

可見在胡適使用「實際主義」此一概念去理解白居易的文學主張時，這個「實際主義」是頗接近於陳獨秀心目中之寫實主義的。在表現手法或者說是寫實主義第一層次上，兩人都主張作品要用客觀的紀事和寫生（胡適稱寫眞）手法，反對主觀的憑空臆測。胡適要求寫出「事物之眞實境狀」，不可苟且；這與陳獨秀「實寫自然現象」之主張，實出一轍。所以在對寫實主義第一個層次的理解上，陳、胡二氏是相當一致的。

在寫作態度即寫實主義之第二層次上，陳、胡基本態度仍然契合，即在創作時不能有勸懲新民等載道或功利實用觀念，而以實寫事物之眞實境狀爲其本身目的。這樣一種態度，與清末梁啓超等人所提倡的淑世文學不同，雖同樣著眼於人生社會，卻堅持文學藝術之獨立地位，不以文學爲諷諭教化之工具，不墮理障。陳、胡二氏所不同的是，陳獨秀認爲自然現象本身「即道即物」，「去自然現象外無道無物」，與左拉（Emile Zola,1840-1902）說的：「自然主義小說家並不插手增減現實」，「自然即一切，必須照自然之本來

(55)　《新青年》三卷二號「通信」。

面目予以接受，既不改變，也不刪節」，❺此一自然主義（naturalism）理論較爲接近。胡適從未像左拉那樣宣稱「想像已無用武之地」，也不認爲小說只要在現實中取出一段，毋須考慮布局結構等問題，便會「即道即物」地自然呈現出宏闊的美感。陳獨秀是「私意固贊成自然自義者」，❺胡適顯然未走到這一步。

從現有文獻分析，除了一九一六年十月投書《新青年》，贊許陳獨秀所說的「吾國文藝猶在古典主義理想主義時代，今後當趨向寫實主義」一句類似捧場的話之外，胡適在文學上並未明確地主張要獨尊寫實主義。固然，他很早就開始注意白里而（Eugene Brieux）、易卜生（Henrik Ibsen）、郝卜曼（Gerhart Hauptmann）等人的社會問題劇，說：「自伊卜生以來，歐洲戲劇鉅子多重社會劇，又名問題劇（problem play），以其每劇意在討論今日社會重要之問題也。」❺但在同一時期，他也翻譯了拜倫（G. G. Byron,1788-1816）〈哀希臘歌〉，稱許泰戈爾（Tagore,1861-1941）爲「世界文學鉅子」，讚歎大仲馬（Alexandre Dumas,1802-1876）《俠隱記》爲「小說之王」，❺更以對白朗寧（Robert Browning）詩作的研究論文而得大學獎賞。從這種兼容並蓄的文學興趣看來，很難斷定胡適在留學時期已經認定社會問題劇一類的作品應該是文學主流。

---

❺ 左拉，〈戲劇中的自然主義〉，見伍蠡甫等編，《西方文藝理論名著選編》中卷（北京：北京大學出版社，1986），頁198。

❺ 《新青年》三卷二號「通信」。

❺ 見《胡適留學日記》（一），1914：2：3，頁174；及《留學日記》（二），1914：7：18，頁53、55。

❺ 分見《留學日記》（一），頁65、160；及《留學日記》（二），頁236。

　　但胡適在創作手法上無疑是認同於寫實的。早年赴美求學之前，他在上海為《競業旬報》所撰寫的連載小說《眞如島》等，就是社會問題小說。在詩作方面，他幼時初學為詩，也是「頗學香山」。❻一九一五年，友人張準致書胡適，稱讚胡詩中「葉香清不厭」之句：「非置身林壑，而又能體驗物趣者，絕不能道出。」又云：「詩貴有眞，而眞必由於體驗。」對這些評語，胡適都以為是「名語」，欣然以喜，❻他自己也提倡過「詩的經驗主義」，寫下「你不能做我的詩，正如我不能做你的夢」的名句，加以批評說：「做夢尚且要經驗做底子，何況做詩？現在人的大毛病就在愛做沒有經驗做底子的詩。」❻主張詩文貴眞的，歷代頗不乏人，公安、竟陵弗論矣，連在新文學運動期間被稱為「謬種」的桐城派，對眞字也極為推崇。梅曾亮（1786-1856）就說：「物之所好於天下者，莫如眞也。」❻方東樹（1772-1851）也說：「徒剿襲乎陳言，漁獵乎他人……無能求審此人面目之眞，而己安在哉？」❻然而，梅、方等人所重視的主要是人格之眞，對寫作方法本身留意不多。所以方東樹說：「立誠則語眞，自無客氣浮情，膚詞長語，寡情不歸之病。」❻乃是理學家「有諸內而後形諸外」的倫理學方法在文學界的延伸，對文學

❻　《胡適留學日記》（二），1914：8：29，《作品集》35，頁112。又見《四十自述》及〈嘗試集自序〉等。

❻　前揭書，1915：2：11，頁283。

❻　胡適，〈夢與詩〉附跋語，《新青年》8卷5號。

❻　梅曾亮，〈黃香鐵詩序〉，《柏梘山房文集》。

❻　方東樹，〈答葉溥求論古文書〉，《儀衛軒文集》。

❻　方東樹，〈續昭昧詹言〉，前揭書卷一。

創作本身如何才能探得真際的問題，並無探討。

　　胡適及其友人所重視的，正是傳統文論中較為忽視的方法論部分。張準所說，而為胡適許為「名語」之「詩貴有真，而真必由於體驗」，將真歸結於體驗，即親身經歷和第一手觀察，以此為文學創作之基本方法，符合西方近代寫實主義之方法要求，也豐富了「真」此一傳統文論概念在方法論層次的內涵。胡適自己曾說：

> 寫景詩最忌失真，老杜〈石龕詩〉：「羆熊咆我東，虎豹號我西，我後鬼長嘯，我前狨又啼」，正犯此病。又忌做作：退之〈南山詩〉非無名句，其病在於欲用盡險韻，讀者但覺退之意在用韻，不在寫景也。㊻

寫景要寫出眼前真實的景，作為一種理論，是很多人都會說的，但作為一種方法，就必須有重體驗重觀察的科學精神，要對描寫對象作客觀而精密的觀察，才能寫得曲折詳盡，而皆合乎真。被五四知識分子推為西方寫實主義代表之一的莫泊桑，有一段引述前輩作家福樓拜（Gustave Flaubert,1821-1880）教他如何作精密觀察的話說：

> 對你所要表現的東西，要長時間很注意地觀察，以便發現別人未發現和未寫過的特點。任何事物裏，都有未曾被發現的東西……讓我們加以發掘。要描述一堆篝火和一株平地木，就得面對著這堆火這株樹，一直到發現它們與其他的樹其他的火不同之特點為止。

㊻　《胡適留學日記》（一），1914：6：12，《作品集》34，頁232。

又說：

> 請你只用一句話，讓我知道驛站中有一匹馬，是和前後周圍
> 五十匹馬不一樣的。❻❼

西方近代寫實主義強調體驗和觀察的寫作手法，顯然一直影響著胡
適。早在一九一五年的《留學日記》中，胡適已討論過「寫生文字
之進化」這個問題，❻❽認爲西方早期刻劃人物角色時，所寫猶多統
類，至近代則如易卜生之寫挪拉，「天下古今僅有此一Nora」，「其
所狀寫，不可移易也。」其論點與福樓拜「一匹馬與周圍五十匹馬
不同」之說，正相契合。在〈文學改良芻議〉一文中，胡適也強調：

> 吾所謂務去爛調套語者，別無他法，惟在人人以其耳目所親
> 見親聞、所親身閱歷之物，一一自己鑄詞以形容描寫之；但
> 求不失其眞，但求能達其狀物寫意之目的，即是工夫。❻❾

對胡適而言，求眞不是高遠的哲學概念，而是具體的寫作方法，即
是「但求能達其狀物寫意之目的」；而要精確地「狀物寫意」，先
決條件便是親見親聞、親身閱歷。缺少這親身體驗和觀察的工夫，
寫作時便只能模擬、只能用陳言套語，而無法「一一自己鑄詞以形
容描寫之」，便失去文學的眞。胡適後來論述文學的本質時說：「達
意達的好，表情表的妙，便是文學」，❼❶這個被很多人批評爲根本

---

❻❼　莫泊桑，〈小說〉，《西方文藝理論名著選編》中卷，頁270-271。
❻❽　《胡適留學日記》（三），1915：2：21，頁5-6。
❻❾　胡適，〈文學改良芻議〉，《胡適文存》一集一卷，《作品集》3，頁10-11。
❼❶　胡適，〈建設的文學革命論〉，《作品集》3，頁58-59。又見〈什麼是文
學〉，同書，頁235。

不像文學定義的文學定義，便是這狀物求眞觀念之繼續延伸。

　　胡適在創作手法上追求體驗之眞，在理論上則強調美感與濟用兼具，若兩者不可兼得時，則寧取無所爲的美感而捨純粹濟用。根據這些原則，他理想中的新詩，便必須具備著四項條件，即：豐富的材料，精密的觀察，高深的理想，複雜的感情。**❼**前二項是寫實主義的主張，但限於方法論層次；後二項不限於某一家某一派的主義，卻是有關內容與精神方面的具體主張。胡適《嘗試集》中的詩作大多都極具情思，卻未作綺語，據他自己說明，這是因爲他在閨情方面不能有「眞知灼見」，所以「一生不曾做一首閨情的詩」。而且每讀這種詩詞，就只覺得不自在，不覺得有情味，他於是作出臆斷說：「我生平不會做客觀的艷詩艷詞，不知何故……今夜仔細想來，大概由於我受寫實主義的影響太深了。」**❼**

　　在小說創作的方法論上，胡適的看法，和他在詩論上的觀點是一致的。胡適認爲，中國「近來文學所以這樣腐敗」，是因爲沒有工具和方法。白話文是創作新文學的工具，但光有工具而沒有方法，白話並不能自動變成文學，將鄭孝胥（1865-1938）、陳三立（1852-1937）的詩翻成白話，並不見得就是文學；《新華春夢記》、《九尾龜》等新小說算是用白話做的了，然而不能算是新文學。新文學要求有新的「文學方法」。「文學的方法」是怎樣的呢？胡適提出三點：

一、收集材料的方法

---

❼　見胡適，〈談新詩〉，前揭書，頁181。

❼　胡適，〈讀沈尹默的舊詩詞〉，前揭書，頁177。

胡適指出，中國文學的大病在於缺少材料，他要求大家脫離傳統的「官場妓院與齷齪社會三個區域」，努力到現實生活中去搜求更廣泛的人生題材，包括：

> 今日的貧民社會，如工廠之男女工人，人力車夫，內地農家，各處大負販及小店舖，一切痛苦情形，都不曾在文學上佔一位置。並且今日新舊文明接觸，一切家庭慘變，婚姻苦痛，女子之位置，教育之不適宜……種種問題，都可供文學的材料。

搜集材料不能靠耳食，必須有「實地的觀察和個人自己的經驗做個根底」，「不能作實地的觀察，便不能做文學家；全沒有個人的經驗，也不能做文學家」。有了觀察經驗的材料，再通過活潑精細的想像，從已知推到未知，從經驗過的推想到不曾經驗過的，從可觀察的推想到不可觀察的，便是文學家的本領。

二、結構的方法

結構主要包括剪裁和布局，剪下可用的材料，再籌算怎樣做才能把這些材料用得最得當又最有效力。

三、描寫的方法

寫人要舉動、口氣、身分、才性都要有個性；寫境要一喧、一靜、一石、一山，也都有個性；寫情要真，要精，要細膩婉轉，要淋漓盡緻。總結一句話，凡描寫都要求工、要求切。工才能見出事

物個性之精密與特殊，切才能逼真如實。**❼**

　　胡適提出的三點創作方法，重點全在體驗、觀察、與求真、求實，至其體驗觀察與真實描寫之對象，則恒在人間現實生活。依照這個標準，胡適宣稱《水滸傳》、《儒林外史》等是有價值的文學作品，是「活文學」，它們的文學價值，它們之所以活，「全靠一副寫人物的畫工本領。我十年不曾讀這書了，但是我閉了眼睛，還覺得書中的人物，如嚴貢生、如馬二先生、如杜少卿、如權勿用……個個都是活的人物。正如讀《水滸》的人，過了二三十年，還不會忘記魯智深、李逵、武松、石秀……一班人」。**❼**《水滸》、《儒林》的主要人物，個個有個性，個個生動，更重要的是，他們個個都是現實生活中的真實人物，於是便形成一種整體的「有生命的文學」。相反，像當時舊式文人流行創作的「某生，某處人，生有異稟，下筆千言，……一日於某地遇一女郎，……好事多磨，……遂為情死」一類的小說，無個性、無逼真性、無生活現實可言，便被歸入為沒有生命的「死文學」了。

　　上面所述主要是以小說創作為主，在詩歌創作理論上，胡適也有相近的審美標準。在〈談談胡適之體的詩〉一文中，胡適將他的主張歸結為三條，第一，說話要明白清楚；第二，用材料要有剪裁；第三，意境要平實。可見他在詩、文、小說等不同文類創作上的標準是同一的。

　　由此可知，胡適雖然常常將白話文學與活文學混為一談，但這

---

❼　這裏所述胡適三點文學方法，見〈建設的文學革命論〉，頁67-71。

❼　同上，頁66。

只是在未對自己理論作深入分析時說的話，也是以白話文作為「革命」手段時將理論簡單化的宣傳方法。仔細檢視胡適活文學的理論，則白話顯非活文學的唯一成因，「逼真」、「如實」方是其最終判別標準。胡適說文學有三個要件，第一要明白清楚，第二要有力能動人，第三要美。❼❺所謂明白清楚就是要將情景作最直接有效的傳達，有了眼前直接的不容不表達的意思，就不必把這意思翻成典故，也不可撿現成的裝入套語；有了不容自已的感情，需要噴發而出時，也就不可能再把這感情譯成與眼前生活不相干的文言了。有效傳達的情意，便產生「力」，便有了胡適所謂的「逼人性」，使人感動。不動人的文字，當然不會是活文學。美是「懂得性與逼人性二者加起來自然發生的結果」，「孤立的美是沒有的」，❼❻文字清楚明白到產生逼人而來的影象，這便是美，便是活文學。如果記鄉下老太婆說話，卻打著唐宋八家的古文腔，述妓女聲口，卻打起駢文調子，則一個活人的感情、血氣、生動、談笑等生命現象便無從傳達，文學也就「活」不起來了。❼❼

當胡適將《國風》、《史記》、〈石壕吏〉、〈兵車行〉、甚至宋詞、元曲中「動人」的作品都認定是白話或接近白話的作品時，則「白話」的標準事實上已很難認定。❼❽這個問題，胡適一生從未提供過可以經得起分析的說明。胡適自己可能也未意識到，他自己

---

❼❺　胡適，〈什麼是文學〉，《作品集》3，頁235。

❼❻　同上，頁237。

❼❼　同註73，頁59。

❼❽　參閱唐德剛譯註，《胡適口述自傳》（臺北：傳記文學出版社，1986），頁179-184。

用來審別「白話文學」或「活文學」的主要標準，其實不完全依賴口語化，而是在於表情達意時的生動、逼眞、如實。

以體驗、觀察爲方法，以逼眞、生動爲審美標準，胡適於是說「從文學方法一方面看去，中國的文學實在不夠給我們作模範」，而「西洋的文學方法，比我們的文學，實在完備得多，高明得多」。**⑲**這種單一價值比較的方法，當然不足爲法。中國文學中非寫實的抒情、寫意、象徵等價值，亦已迭經西方學者肯定，實毋庸置疑。胡適所以要在有些場合高唱「西方文學優越論」，是因爲他把重點放在觀察—體驗—求眞這一套方法論上，這種方法是科學時代的產物，是中國傳統和近代文論中都還缺乏的。在文學上引入觀察—體驗—求眞此一科學的寫眞方法，就像在哲學上引入實驗主義思想方法，在學術上引入科學的整理國故方法一樣，目的並不在唾棄傳統或擁護傳統，而是要站在科學時代的新地平上，重新估定傳統。

第三節　對近代東西方文學理論的吸收

胡適文學革命的中心理念是「以質救文」，有了「質」作爲核心，才有實寫、求眞、平易、白話、情感、思想等輻湊其上。質的文學觀念，雖然容易接近寫實主義一路，但並不局限於提倡寫實主義。對胡適而言，寫實並不是一種可以獨尊的主義，而是一種寫作

---

⑲　〈建設的文學革命論〉，《作品集》3，頁71。同篇文章中說明胡適所謂西洋文學方法是指：「材料之細密，體裁之完備，命意之高超，描摹之工切，心理解析之細密，社會問題討論之透切。」

的基本方法，正如他認爲杜威的實驗主義不是特別的哲學主張，而只是一種思想方法一樣。文學可以是杜甫、白居易「濟用」融合美感的社會寫實詩歌，也可以是無所而爲的抒情言志之作；可以是白里而、易卜生的社會問題劇，也可以是白朗寧的樂觀主義詩作。然而，無論是怎樣一種主義的作品，要想在當代立足，都不能像舊式文人那樣盡寫一些無眞實感的「某生」體小說，而必須以體驗、觀察等寫實方法爲基礎，抒寫對人生各種層次的眞實感受。如他在討論近代戲劇創作時說：

> 戲劇所以進步，最大原因是由於十九世紀中歐洲文學受了寫實主義洗禮，到了今日，雖有神秘的象徵戲，如梅特林的名劇，也不能不帶寫實主義的色彩，也不能不用寫實主義做底子。⑧

胡適在這裏表達的意思相當清楚：他並不反對有神秘主義或象徵主義等作品，只是這些作品都應該先有寫實的基礎，「不能不用寫實主義做底子」，然後各自發展。換言之，非寫實主義的作品應該是「後」寫實的，而不是「未」寫實的。

文質相勝觀點，本自傳統詩論、文論中得來，有深遠之傳統文學理論依據。西方寫實主義文學理論，固然在相當程度上豐富了胡適的文學知識，但絕非唯一來源，否則的話，胡適大可以像陳獨秀一樣打出鮮明的寫實主義旗幟，而不必在文、質這一類傳統意味極深的概念中尋求自己文學理論的出路了。

---

⑧　《胡適的日記》，民10：6：3。

　　除了杜甫的「寫實」作風和白居易的「新樂府」運動之外，胡適也極欽服袁枚的文學見解，說「袁簡齋之眼光見地有大過人處，宜其傾倒一世人士也。其論文學，尤有文學革命思想。」❽《留學日記》中摘錄了袁枚〈答沈大宗伯論詩書〉、〈答施蘭坨第二書〉、〈答程蕺園論詩書〉、〈與洪稚存論詩書〉、〈答祝芷塘太史〉、及〈答孫俌之〉等六篇文論，是該日記中最大規模的一次摘錄，可見胡適對隨園文學理論之心儀。

　　在胡適所選錄的隨園六篇文論中，袁枚主要提出了五點見解，分析如下：

　　一、詩有工拙而無今古：古人之詩不必皆工，今人之詩不必皆拙，性情遭際，人人有我在焉，不可貌古人而襲之，畏古人而拘之也。詩在性情，不在格調，自葛天氏之歌至於今日，所不變者詩心，即人心之樂，至格調形式則不得不變。

　　二、詩可說盡，亦不必全關係人倫日用：詩有含蓄者，如〈柏舟〉、〈中谷〉是也；然亦有說盡者，如「艷妻煽方處」、「投畀豺虎」之類。孔子論詩曰「邇之事父，遠之事君」，此詩之有關係者也；「多識于鳥獸草木之名」，此詩之無關係者。

　　三、詩由情生：詩者由情生者也，有必不可解之情，而後有必不可朽之詩。情之所先，莫如男女。先有寸心，後有千古。

　　四、詩貴自得：古之學杜詩者無慮數千百家，其傳者皆其不似杜者也。以己之心思學力，何不爲己之詩，而必爲韓杜之詩哉？無論儀神襲貌，終嫌似是而非，就今是韓是杜矣，恐後世仍讀韓杜之

---

❽　《胡適留學日記》（四），1916：7：11-12，《作品集》37，頁48-52。

詩，必不讀類韓類杜之詩。得人之得而不自得其得，落筆時亦不甚愉快，所謂「若無新變，不能代雄」是矣。

五、易讀易解易記：文章當從三易，易讀、易解、易記也。易記則易傳，若險韻疊韻，當其作時，亦頗費捫摸，倘過三日，自家亦不省記矣。自家不記，而欲人記之乎？人不能記，而欲人傳之乎？

在這裏，我們彷彿見到了胡適文學理論的乾嘉版。胡適文學革命從質出發，分別推衍出：一、重眞情與個己自然情思，反對格律格套及雕飾辭藻。二、貴獨創，反模擬，文學因此必然隨時代而進化，不可悖離時代而仿古復古。三、作詩如作文，詩之文字即文之文字，筆以代口舌，口語化之文字始爲生活中有生命之文字，故不避俗字俗語，進一步則以白話全面取代文言。四、文學目的在表情達意，美感來自清楚、明白、逼眞、如實。五、理想的文學應爲「濟用」（有所爲）與「美感」（無所爲）的融和共冶，退而求其次，則無所爲的文學亦自有其價值。將上述胡適文學主張中的五點核心理念，與袁枚所提主要理論逐一比較，兩者的重疊性是相當高的，胡適在《留學日記》中將這些理論一一摘錄，顯示這些理論在胡適文學理念形成的過程中，曾起過直接的參照作用。袁枚論詩重意輕辭，所作〈續詩品三十二首〉中第一首即首標「崇意」，詩云：

> 虞舜教夔，曰詩言志，胡今之人，多辭寡意。意似主人，辭如奴婢。主弱奴強，呼之不至。穿貫無繩，散錢委地，開千枝花，一本所繫。❽

---

❽　袁枚，《小倉山房詩集》卷二十，《袁枚全集》本，頁415。

所論與胡適「言之有物」說亦相合拍。胡適以情感與思想界定「物」字，說：「文學無此二物，便如無靈魂無腦筋之美人，雖有穠麗富厚之外觀，抑亦末矣」，又說：「文學之衰微，此其大因矣」，❸所謂情感思想，即袁枚所重的意。〈續詩品三十二首〉不知胡適當時已見否，然重意輕辭之文學觀念，隨園集中觸目皆是，宜胡適引之爲文學知己也。

袁枚之詩論、文論，上承明代徐渭（1521-1593）、湯顯祖（1550-1616）、及公安、竟陵之餘緒而略加矯正，爲清代性靈派詩人之巨擘。胡適所錄隨園六篇文論中之主要觀念，多與明人情眞、性靈、創作與時推移、及眞詩乃在民間等說相通。以公安三袁中最著名的袁宏道（1568-1610）爲例，其文學理論即包括以下幾點核心觀念：

一、文與時推移：世道既變，文亦因之，古不能爲今，今不必摹古。古不可優，今不可劣。人事物態，有時而更；鄉語方言，有時而易；事今日之事，則亦文今日之文而已矣。

二、情眞語直：古風多山勞人思婦，鬱與口相觸，卒然有聲。學士大夫爲藻，鬱不至而文勝焉。吐之者不誠，聽之者不躍也。要以情眞而語直，故勞人思婦，有時愈於學士大夫。

三、獨抒性靈：獨抒性靈，不拘格套，非從自己胸臆流出，不肯下筆。有時情與境會，頃刻千言。其間有佳處，亦有疵處；佳處自不必言，即疵處亦多本色獨造語。

四、重質輕文：物之傳者必以質，文之不傳，非曰不工，質不

---

❸ 〈文學改良芻議〉，《作品集》3，頁6-7。

至也。言之愈質，其傳愈遠。夫質猶面也，以爲不華而飾之朱粉，妍者必減，媸者尤增也。既曰質、故不避俚俗，所謂「野語街談隨意取，懶將文字擬先秦」，詩文率直，如田父老語農桑，土音而已。**⑧⑭**

　　袁宏道整體文學理論當然不全同於袁枚，正如袁枚與胡適在整體文學主張上仍有頗大差異一樣，但僅就上述某些核心理念而言，卻是有其連貫性相通性的。胡適自己承認，在一九二〇年撰寫〈歷史的文學觀念論〉這篇主架構論文時，他還不曾讀公安三袁的集子，然而卻「很愛讀《隨園集》中討論詩的變遷的文章。」**⑧⑮**通過袁枚這個中介，胡適得以銜接明中葉後主情重質的中國近代文學思潮，在黃遵憲等人詩界革命的基礎上，再邁出以質救文的一大步，完成明中葉以來最徹底的一場文學革命。**⑧⑯**

　　胡適在傳統詩論文論上的繼承與創化發展，並不阻礙他對西方文學理論的吸收。梁實秋在 1927 年即指稱，白話文學的提倡，乃深受英美詩人龐德（Ezra Pound,1885-1972）、羅葳薾（Amy Lowell）

---

⑧⑭ 此處所引袁宏道論文之核心主張，分見一、〈與江進之〉，二、〈陶孝若枕中囈引〉，三、〈敍小修詩〉，四、〈行素園存稿〉，五、〈齋中偶題〉，六、〈答錢雲門〉等作。見錢伯城，《袁宏道集箋校》（上海古籍出版社，1979）。但袁宏道的詩論當然亦有與胡適大異處，如中郎〈雪濤閣集序〉云：「有泛寄之情，無直書之事，故詩虛而文實」，強調詩虛不直書的含蓄寄情特點。胡適則始終堅持逼人的明白性，要作詩如作文。

⑧⑮ 胡適，《中國新文學大系·建設理論集》導言，頁19。

⑧⑯ 關於胡適與明代袁宏道在文學理論上的相近性，周質平教授曾有文論及，見氏著，《公安派的文學批評及其發展》（臺北：臺灣商務印書館，1986），第六章「公安派文學批評的現代意義──胡適與袁宏道文學理論的比較」。

等所倡意象主義（Imagism）詩歌之六條原則所影響，他說：

> 美國英國有一部分的詩家聯合起來，號爲「影像主義者」，
> 羅威爾女士佛萊淇兒等屬之。這一派唯一的特點，即在不用
> 陳腐文字，不表現陳腐思想。我想，這一派十年前在美國聲
> 勢的最盛時候，我們中國留美的學生一定不免受其影響。試
> 細按影像主義者的宣言，列有六條戒條，主要的如不用典，
> 不用陳腐的套語，幾乎條條都與我們中國倡導白話文的主旨
> 吻合。所以我想，白話文運動是由外國影響而起的。[87]

梁實秋的論點在 1950 年代以後頗有迴響。方志彤、王潤華、羅青諸
教授都有專文論述，[88]夏志清教授權威著作《中國現代小說史》和
高力克教授力作《中國現代文學批評發生史》在論及胡適文學主張
部分，亦均予探信。[89]其中方志彤的論斷尤爲激亢，他說：

---

[87] 梁實秋，〈現代中國文學之浪漫的趨勢〉，見《梁實秋文學評論集》（臺
北：時報出版社，1972）。

[88] 方志彤文章見Achilles Fang, " From Imagism to Whitmanism in Recent Chinese
Poetry: A Search for Poetics that Failed, " in Horst Franz and G. L. Anderson,
eds., *Indiana University Conference on Oriental-Western Literary Relation*
（Chapel Hill: University of North Carolina Press, 1955）。王潤華文章見：〈從
新潮的內涵看中國新詩革命的起源——中國新文學史中一個被遺漏的腳
註〉，載氏著，《中西文學關係研究》（臺北：東大圖書公司，1978）。
羅青文章見：〈各取所需論影響——胡適與意象派〉，《中外文學》第8卷
第7期（1979：12），頁48-69。

[89] 夏志清著，劉紹銘譯，《中國現代小說史》（臺北：傳記文學，1985），
第一章，頁53。Marian Galik, *The Genesis of Modern Chinese Literary Criticism*,
Chapter 1, p.8.

總言之，文學改良八事乃由意象主義所啓發，這是不容易被
否認的。龐德爲 1917 年中國文學革命之教父（god-father），
羅葳蓋則爲其教母。❾

　　胡適《留學日記》在 1916 年底或 1917 年初剪存了紐約時報書
評所載意象派詩人六項原則，並加按語說：「此派所主張與我所主
張多相似之處。」❾六項原則強調要用日常語言（common speech）
寫詩，用新韻律表現新感情（to create new rhythms as the expression of
new moods），自由選擇詩材，以及呈現具體事物的確切意象等，與
胡適的主張確有幾分相似。胡適選擇用「八不」的陳述方式營構其
文學革命理論，可能也有受到龐德 1913 年〈意象主義的幾個不作〉
（Some Not Doings of An Imagist）陳述方式的啓發。

　　其實胡適受意象主義影響最直接最明顯的，還不是梁實秋等所
看到的日常語言或「八不」等問題，而是他對文學創作「具體性」
的追求。胡適說：

　　　文學的美感有一條極重要的規律，曰：「說得越具體越好，
　　　說得越抽象越不好。更進一層說，凡全稱名辭都是抽象的，
　　　凡個體事物都是具體的。故說美人，是抽象的，不能發生明
　　　瞭濃麗的想像，若說紅巾翠袖，便是具體的，便可引起一種

---

❾　見同註88 Achilles Fang的論文，頁180-181。
❾　《胡適留學日記》（四），1916：12：26至1917：1：13之間，《作品集》
　　37，頁160-162。

> 具體的影像了。」❷

又說：

> 詩須要用具體的做法，不可用抽象的説法。凡是好詩，都是
> 具體的。越偏向具體的，越有詩意詩味。凡是好詩，都能使
> 我們腦子裏發生一種——或許多種——明顯逼人的影像。這
> 便是詩的具體性。❸

在稍後完成的《白話文學史》中，胡適也不忘把握機會發表他的詩歌貴「具體」説：

> 鍾嶸《詩品》説郭璞「始變永嘉平淡之體，故爲中興第一」。
> 劉勰也説：「景純艷逸，足冠中興。」所謂「平淡」，只是
> 太抽象的説理；所謂「艷逸」，只是化抽象的爲具體的。……
> 凡用詩體來説理，意思越抽象，寫法越應該具體。仲長統的
> 〈述志〉詩與郭璞遊仙詩所以比較可讀，都只因爲他們總運
> 用一些鮮明艷逸的具體象徵來達出一兩個抽象的理想。❹

「具體性」顯然成了胡適審美觀的重要指標，詩意與詩味，都決定於是否具有「明顯逼人的影像」，能否產生「明瞭濃麗的想像」。這與前面所説過的胡適以「逼人性」與「懂得性」爲美的充分條件之説，自相貫串，形成一清楚而自足的文學理論架構。具體與抽象

---

❷　胡適，〈追答李濂鏜君〉，《作品集》3，頁172。

❸　胡適，〈談新詩〉，《作品集》3，頁198。

❹　胡適，《白話文學史》，頁95。

相對立，抽象因爲缺乏「逼人的影像」，宜於說理，而不宜詩與美文，這種理論，正是龐德與休姆（T. E. Hulme）等意象派詩人創作論之基礎。

　　龐德要人遠離抽象，不要用「寧靜的幽暗的國度」一類的造句，因爲這是在用鬆散的抽象模糊確切的具體，結果便是糟蹋意象。詩的字句必須是視覺性的，使讀者不斷看到確切的具體事物，不流入抽象的滑坡。爲了凸出具體，一切非具體的內容都可以隱沒在詩境外，句法結構亦可以打破，將最具意象效果的視覺對像平行並列，暗示出言外的情緒感受。⑨⑤鄭樹森教授從龐德詩中選出了這樣的一些實例：

　　　Rain；empty river；a voyage

　　　雨；荒河；旅舸

　　　Broad water；geese line out with the autumn

　　　水闊；雁行飛入秋色。（*Canto* 49）⑨⑥

但這樣子注重具象視覺性的表現手法，顯然跟胡適所要的明白逼眞的「具體性」並不一樣。通過將語言凝煉和視效化，龐德是要將詩的語言與散文的語言嚴格區分，如他所說的：「韻文不必複述在散文中已經表達過的東西」。所以詩的語言必須精煉，一個詩人在韻

---

⑨⑤　關於龐德與意象派詩人的作風，可參閱Wai-lim Yip（葉維廉）*Ezra Pound's Cathay*（Princeton: Princeton University Press, 1969）.

⑨⑥　鄭樹森，《文學理論與比較文學》（臺北：時報出版社，1982），附錄：〈具體性與唐詩的自然意象〉，頁183-187。鄭教授原有妥恰的中譯，爲示負責起見，筆者仍再自行翻譯一次。

文上所花的力氣，絕不能比鋼琴師在音樂藝術上花的力氣少。**⑨**因此，儘管龐德也主張用百姓眞實口語（actual talk of the people）取代「已絕育的傳統話語」（stilted tradictional dialect），這樣做的目的卻不是要讓作品明白易懂，而是要讓作品更貼近視覺，隱喻、與自由聯想，取得更前衛（avant-garde）的效果。如牛津學者布勒米斯（Harry Blamires）所說，龐德的詩作只能被有教養的心靈所接納，和他本人讚美的「純潔與純樸」之風，實有難越的鴻溝在焉。**⑱**胡適主張作詩如作文，認爲美只存在於明白易懂的逼人性中。雖然同是提倡口語化的詩歌，胡適的態度是平民化的，龐德則是現代主義的先鋒，是極富前衛性的。

　　故無論在白話或追求具體性的問題上，胡適和意象主義之間，都只有表層聯繫的關係。胡適借用意象主義中的具體化、口語化、自由化等原則，增強自己文學改良主張的信心，自然也有可能深化了自己的理論。然而，倘若據此以爲白話文學的主張主要導源於意象主義，視兩者爲「發生」的關係，則恐怕仍有一間未達。畢竟，如胡適所說，白話文學在中國已有千年歷史，以理論而言，有從白居易一直到袁枚、黃遵憲的深厚傳統，以作品而言，胡適《白話文學史》所述更是洋洋灑灑，變成「中國文學史的中心部分」。**⑲**胡適要提倡白話詩與白話文學，在中國本土已有足夠理論資源，並不

---

⑨　Ezra Pound, " Some Not Doings of Án Imagist, " in T. S. Eliot, ed., *Literary Essays of Ezra Pound*, 1954.

⑱　Harry Blamires, *Twentieth Century Euglish Literature* （New York: Schocken Books, 1982），Chapter 4, pp.93-97.

⑲　胡適《白話文學史》，頁8。

需要依賴意象主義作理論指導，雖然後者或許會讓理論的陳述變得更為容易。更何況，胡適在文學觀念上重質輕文的特色，使他根本不可能深入意象主義的前衛性理論中作更多探索，尤其不可能接納龐德視效化的新潮流表現手法，對胡適而言，這種手法是屬於「文」的，而非「質」的。因此，胡適絕不承認自己是歐美文學「新潮流」的同路人，當梅光迪去信指責他的文學革命只是Futurism（未來主義）、Imagism（意象主義）、Free Verse（自由體詩）等「新潮流」之流亞時，胡適趕緊澄清說：

> 這封信頗使我不心服，因為我主張的文學革命，祇是就中國今日文學的現狀立論；和歐美的文學新潮流並沒有關係；有時借鏡於西洋文學史，也不過舉出三四百年前歐洲各國產生「國語的文學」的歷史……觀莊硬派我一個「剽竊此種不值錢之新潮流以哄國人」的罪名，我如何能心服呢？⑩

胡適需要的不是包括意象主義在內的西方現代主義新潮流，而是適應「中國今日文學現狀」的以質救文。意象主義堅定了胡適詩歌創作應該「具體化」的美學觀念，也增強了胡適以明白、逼真為主軸的整體文學理論之向心力。但這顯然是胡適先有了以質救文的信念之後，才從意象主義中汲取自己需要的部分，捨棄不合乎「中國今日文學現狀」的前衛藝術觀點與手法，而不是先受意象主義影響，再來提倡白話文學。⑩

---

⑩《胡適留學日記》（三），頁214-215。
⑩　夏志清教授後來修正了他在1961年出版《中國現代小說史》英文版時的觀

第四節　為大中華造新文學

在中國文學思潮史上，凡是質被奉為主流的時候，就是對社會人生問題較為重視之秋，這種「中國式」的相關性，也同樣體現在胡適的文學世界中。除了在寫作材料上要求到貧民社會、工廠、農家等現象生活中去搜尋更廣泛的人生題材，胡適也強調「偉大作家的文學要能表現人生」，他說：

> 偉大作家的文學要能表現人生，——不是那想像的人生，是那實在的人生，民間的實在痛苦，社會的實在問題，國家的實在狀況，人生的實在希望與恐懼。……這個時代的創始人與最偉大的代表是杜甫。……這個風氣大開之後，元稹、白居易、張籍、韓愈、柳宗元、劉禹錫相繼起來，發揮光大這個趨勢，八世紀下半與九世紀上半（755-850）的文學遂成為中國文學史上一個最光華燦爛的時期。……從杜甫中年（天寶以後）以後，到白居易之死，其間的詩與散文都走上了寫實的大路，由浪漫而回到平實，由天上而回到人間，由華麗而回到平淡，都是成人的表現。❿❷

點，認為胡適在1916年底或1917年初時還是初次看到意象派詩歌主張，而他自己的主張那時候早已形成了。胡適留美期間，美國學院中較受歡迎的是Georgian Poets，意象派新詩並無多少讀者，胡適那時很可能並未讀過龐德等人的詩。見氏著，〈新文學初期作家陳衡哲及其作品選錄〉，《現代文學》復刊第6期（1979：1），頁62。

❿❷　《白話文學史》，頁222。

方法上的寫實與題材上的現實，這原是比較容易有關連的要求，但這並不代表一種功利觀或「新載道」說。說文學要與人生問題發生交涉，這人生可以是廣義的人生，社會生活以外，感情生活、個人在人生範圍內的思想活動等，也都包括在內；這主張是一種人文主義的主張，而不一定是功利主義的。五四一代的作家中，真正將「為人生而藝術」理解成藝術為人生之侍婢的，恐怕並不多見。極端的「為人生派」是 30 年代左翼文學興起之後才成形的宗派。在文學革命之初，不論是「文學研究會」或「創造性」，都同樣重視人生，而這人生，並不能簡單地等同於「功利」或載道。胡適在態度上強調質、強調要與人生問題發生交涉；在方法上鼓吹寫實、具體、易懂；這些都還是在人文主義的架構內進行，不必然是功利或載道的。胡適反對純粹「根柢濟用」之文學觀念，「濟用」必須與美感結合，才是最理想的文學，其次，則具美感而不具濟用性的文學，即「無所為」的文學，也可以被迎入藝術殿堂，有其獨立價值。他稱許杜甫為偉大詩人，因為杜甫寫實性的詩作都兼具美感與濟用；然而，對一力主張「救濟人病，裨補時闕」的白居易，胡適並不完全認同他的主張。對元稹白居易的新樂府運動，胡適在 20 年代後期理解為「文學要為人生而作，不為文學而作」，[103]對其中「尚質抑淫，著誠去偽」的「寫實主義」成份，胡適並無異議，但對其「惟歌生民病，願得天子知」的功利觀，則頗不以為然，在《白話文學史》敘述元稹白居易部分的結尾處忍不住諷刺說：

　　民間有了什麼可歌可泣的事，或朝廷官府有了苛稅虐政，一

---

⑩　前揭書，頁313。

班平民詩人便都趕去採訪詩料……幾天之內，街頭巷口都是這種時事新歌了。於是采詩御史便東採一集小調，西抄一隻小熱昏，編集起來，進給政府，不多時，苛稅也豁免了，虐政也革命了。……猗歟休哉！文學家的共和國萬歲！ [104]

陳獨秀鼓吹寫實的國民文學，著眼點在國民的凝聚與自覺，偏向於平民性與實徵性。胡適以質救文，質的概念中也有平民性、實徵性等特徵，所以提倡以觀察、體驗為根基的寫實方法，以明白、逼真為原則的白話文學，這是陳、胡二氏能夠在文學革命時合作無間的基礎。陳獨秀的寫實主義幾乎全是西方的舶來品，與「文學研究會」的理論代表沈雁冰（茅盾，1896-1981）可算是沆瀣一氣，較少考慮到傳統資源的問題。正由於陳氏將西方近代與中國傳統的文學視為互不相涉的兩個領域，所以提倡近代時可以糞土傳統，單獨面對傳統時則又輕易陷入完全的傳統中。《新青年》（《青年雜誌》）一卷三號刊載謝無量題為「己西歲未盡七日自蕪湖溯江還蜀入春淹泊峽中觀物敘懷輒露鄙音略不詮理奉寄會稽山人冀資嘔噦」五言長律一首，陳獨秀在詩末附加按語推崇說：

文學者，國民最高精神之表現也。國人此種精神委頓久矣，謝君此作，深文餘味，希世之音也。子雲相如而後，僅見斯篇。雖工部亦祇有此工力，無此佳麗。……吾國人偉大精神，猶未喪失歟，於此徵之。 [105]

---

[104] 前揭書，頁316。

[105] 見《新青年》一卷三號謝無量詩後編者按語。

很難想像一個提倡國民文學的領導人會對一首全無新意的堆砌之作
作出如此誇誕的評價，唯一合理的解釋是：這是在用傳統文人捧角
的心理在對待傳統詩作，所謂單獨面對傳統時則又陷入完全的傳統
中者也。胡適從美國致書陳獨秀，直斥謝無量此詩「在排律中但可
稱下駟」，並謂：「稍讀元白柳劉之長律者，皆將謂貴報案語之爲
厚誣工部而過譽某君也。」❿胡適在這裏並沒有借用任何西方文學
標準去判斷謝氏的創作，他用的全是傳統資源。在〈文學改良芻議〉
一文中，胡適主要批評對象是「學這個學那個之詩古文家」，以及
「沾沾於聲調字句之間，既無高遠之思想，又無眞摯之情感」之文
學，而振救之大法，則是「實寫今日社會之情狀」，與「以質救文」
二端。❿如果將「實寫」中的科學方法成份，與「質」概念中的現
代個人主義成份扣除，則胡適文學革命的理念，包括「國語的文學」
此一概念在內，都是對傳統的一種順結構的發展，革命所要成就的，
是「大中華的新文學」，❿是在「中國」本土用新方法栽培的文學，
而不是從西方橫向移植的文學。他在寄陳獨秀的信上說：

> 今日欲爲祖國造新文學，宜從輸入歐西名著下手，使國中人
> 士有所取法，有所觀摩，然後乃有自己創造之新文學可言也。❿

所急於從西方吸收的，正是方法的問題。所以在同一封信中，又強

---

❿　胡適，〈寄陳獨秀〉，《作品集》3，頁2。

❿　胡適，〈文學改良芻議〉，《作品集》3，頁6、9。

❿　胡適，〈沁園春·誓詩〉一詞的初稿說：「爲大中華，造新文學，此業吾
　　曹欲讓誰！」見《留學日記》（三），1916：4：13，頁287。

❿　《胡適留學日記》（三），1916：2：3，頁252。

調「譯書須擇其與國人心理接近者先譯之，未容躐等也。」這國人心理，是針對所譯之書的思想、感情、審美、表現風格等而言的。因此他反對《新青年》譯載唯美主義大師王爾德的作品，認爲這些作品「似非吾國今日士夫所能領會也。」其著眼點完全在於「中國」的歷史情狀。

胡適曾叫人「多研究問題，少談些主義」，⑩他提倡實驗主義，是因爲實驗主義只是一種方法，而非固執的教條。在文學上，胡適亦抱持著同樣的態度。他無意輸入任何一種西方的文學主義作爲領導文壇的潮流，他本身或許傾向於寫實主義，那也只是把寫實作爲一種方法，如同實驗主義是一種普遍通行的方法一樣，並非要獨尊寫實主義。儘管在日記等私人文獻中多次使用了「文學革命」這個名詞，到正式倡言時，他還是選擇使用〈文學改良芻議〉作爲篇名，避免使用「革命」一詞。對胡適而言，革命是根本解決，是「主義」式的，改良則是在現有基礎上作這個問題那個問題的實際解決，是「問題」取向的。中國傳統文學的積弊不是「主義」的問題，而是「問題」的問題，所以需要「改良」，即在體制內的改革，而不可能有「根本性的解決」。

即在不太嚴格的定義下使用「文學革命」一詞時，胡適也是將自己鼓吹的革命置放在傳統文學演變發展的架構中，將之視爲歷史上歷次革命的一個最新組成部分。他說：

> 文學革命，在吾國史上非創見也。即以韻文而論，三百篇變而爲騷，一大革命也。又變爲五言，七言，古詩，二大革命

---

⑩　胡適，〈問題與主義〉，《胡適文存》一集二卷，《作品集》4，頁113。

也。賦之變爲無韻之駢文，三大革命也。古詩之變爲律詩，
四大革命也。詩之變爲詞，五大革命也。詞之變爲曲、爲劇
本，六大革命也。何獨於吾所持文學革命論而疑之？⓫

雖然說是革命，也同唐宋古文運動和元明時代戲劇、小說等新文學
興起的情況一樣，目的並不在決裂傳統，而在創化傳統。周作人後
來追溯新文學的源流時說：

> 他們（公安派）的主張很簡單，可以說和胡適之先生的主張差
> 不多。所不同的，那時是十六世紀，利瑪竇還沒有來中國，
> 所以缺乏西洋思想。假如從現代胡適之先生的主張裏面減去
> 他所受到的西洋的影響，科學、哲學、文學以及思想各方面
> 的，那便是公安派的思想和主張了。⓬

周作人本身也是在傳統中革命的人，所以深悉其中機微。當然在公
安三袁倡言性靈時，利瑪竇已經到了中國，三袁所推崇的前輩李贄
還曾撰文爲紀。但總的說來，公安派所發揚的自由文論的傳統，與
胡適的文學理論之間，的確有相當大的重疊性，而其中主要的差別，
則只在科學方法與現代個人主義思想等西方影響的因素，這都是可
以論證的事實。但強調兩者間的重疊，並不需要泯滅兩者間事實存
在的差異。現代與傳統之間的歷史轉移性，是根本不需要諱言的，

⓫　《胡適留學日記》（三），1916：4：5，頁266。又見〈嘗試集自序〉，《作
　　品集》3，頁210-211。
⓬　周作人，《中國新文學的源流》，見《周作人全集》5（臺中：藍燈文化，
　　1982），頁331。

胡適提倡的科學方法和現代個人主義，其特殊內容也非明清文人所能夢見，這些差異，事實上不可能「減去」，自然也不可能將胡適的新文學主張視爲公安派文學理論的循環復活。胡適之所以成爲新文學運動的主要理論家與領導人，正是因爲他有適合現代要求的新理論，只是，這個新理論的體系並不能憑空創造或簡單地從西方移植，它必須從自己的土壤中出來，適應當前的環境與氣候，茁壯成長。胡適發展新文學理論的過程，就是這樣一個中西渾融的過程。以質救文的白話文學，除了語言要件之外，還有實寫、逼眞、具象、眞誠、獨創、獨特思想與見解等要素，這些要素，必須同時在東西方獲得足夠的灌漑資源，而不可割裂。一旦割裂，它可以變成西方文學或明代文學，而不是中國新文學。

參考書目

一、胡適著作原典

《胡適手稿》10 冊	胡適紀念館編	臺北	胡適紀念館	1970
《胡適來往書信選》3 冊	中國社科院近史所編	北京	中華書局	1979
《胡適的日記》2 冊		香港	中華書局分局	1985
《胡適作品集》37 冊		臺北	遠流出版社	1986
《胡適口述自傳》	唐德剛譯註	臺北	傳記文學出版社	1986
《胡適日記手稿本》18 冊		臺北	遠流出版社	1990
《胡適學術文集》7 冊	姜義華主編	北京	中華書局	1991
《胡適遺稿及秘藏書信》42 冊	耿雲志編	合肥	黃山書社	1994
《胡適早年文存》	周質平編	臺北	遠流出版社	1995
《胡適家書》	陸發春編	合肥	安徽人民出版社	1996
《胡適家書手迹》	章颿等編	北京	東方出版社	1997
《胡適書信集》3 冊	耿雲志編	北京	北京大學出版社	1997
《胡適楊聯陞論學書札》	胡適紀念館編	臺北	胡適紀念館	1997
《胡適論爭集》3 冊	耿雲志編	北京	中國社會科學出版社	1998
《胡適文集》12 冊	歐陽哲生編	北京	北京大學出版社	1998
《胡適與韋蓮司：深情五十年》	周質平	臺北	聯經	1999
《胡適日記》排印本	歐陽哲生等編			排印中
The Chinese Renaissance		Chicago	The University of Chicago Press	1934
《胡適英文文存》3 冊	周質平編	臺北	遠流出版社	1995
胡適與韋蓮司英文通信原件（書名未定）			胡適紀念館與中國社科院近史所藏	編輯中

（早年編集本及單行本已收入更新出版之大部文集內者，不再重列）

二、重要報刊原典

《小說月報》		北京	1983 重印
《每周評論》			微捲
《努力周報》		北京	1998 重印
《現代評論》八卷合訂本及增刊		北京	1998 重印
《星期評論》		北京	1982 重印
《新青年》1-7 卷合訂本		上海群益書店	1936
《新潮》		臺北東方文化	1972 影印
《獨立評論》			

三、中文參考資料─專書

王爾敏	《中國近代思想史論》	臺北	華世	1977
艾愷	《文化守成主義論─反現代文化思潮的剖析》	臺北	時報文化	1986
何索	《胡適先生的感情世界》	臺北	國家	1989
余英時	《中國思想傳統的現代詮釋》	臺北	聯經	1987
余英時	《中國近代思想史上的胡適》	臺北	聯經	1994
余英時	《現代儒學論》	新澤西	八方文化	1996
李又寧主編	《胡適與他的朋友》第一集	紐約	紐約天外	1990
李又寧主編	《胡適與他的朋友》第二集	紐約	紐約天外	1991
李澤厚	《中國近代思想史論》	臺北	三民	1996
李澤厚	《中國現代思想史論》	臺北	三民	1996
李澤厚·林毓生等著	《五四：多元的反思》	臺北	風雲時代	1989
杜威	《中國書簡》	臺北	地平線	1970
杜威著，胡適譯	《哲學的改造》	臺北	正中	1966
杜威著，胡適譯	《杜威五大講演》	臺北	仙人掌	1970
沈寂	《胡適政論與近代中國》	臺北	臺灣商務	1994
沈衛威	《胡適傳》	臺北	風雲時代	1990
汪榮祖編	《五四研究論文集》	臺北	聯經	1979
狄百瑞著，李弘祺譯	《中國自由傳統》	香港	香港中文大學出版社	1983
吳宓	《吳宓日記》	北京	中華	1996
吳宓	《吳宓文集》	北京	中華	1996
吳虞	《吳虞日記》	成都	四川人民	1984
吳虞	《吳虞集》	成都	四川人民	1985
周作人	《周作人文集類編》	長沙	岳麓書社	1999
周昌龍	《新思潮與傳統：五四思想史論集》	臺北	時報文化	1995
周明之著，雷頤譯	《胡適與中國現代知識分子的選擇》	成都	四川人民	1991
周策縱、唐德剛等	《胡適與近代中國》	臺北	時報文化	1991

周策縱著，周子平等譯	《五四運動：現代中國的思想革命》	南京	江蘇人民	1996
周質平	《胡適與魯迅》	臺北	時報文化	1988
周質平	《胡適叢論》	臺北	三民	1992
易竹賢	《胡適傳》	湖北	湖北人民	1987
易竹賢	《胡適與現代中國文化》	武昌	武漢大學出版社	1993
林毓生	《政治秩序與多元社會》	臺北	聯經	1990
林毓生	《思想與人物》	臺北	聯經	1995
金岳霖	《金岳霖文集》	蘭州	甘肅人民	1995
金耀基	《中國現代化與知識分子》	香港	大學生活	1979 四版
金耀基	《從傳統到現代》	臺北	時報文化	1992
金觀濤、劉青峰	《中國現代思想的起源》	香港	中文大學	2000
約翰·格雷著，傅鏗、姚欣榮譯	《自由主義》	臺北	桂冠	1991
胡頌平	《胡適之先生年譜長編初稿》	臺北	聯經	1984
胡頌平	《胡適先生晚年談話錄》	臺北	聯經	1984
侯外廬	《中國近代哲學史》	北京	人民	1978
唐德剛	《胡適雜憶》	臺北	風雲時代	1990
耿雲志編	《現代學術史上的胡適》	上海	三聯	1993
耿雲志編	《胡適研究叢刊》第一輯	北京	北京大學出版社	1995
耿雲志編	《胡適研究叢刊》第二、三輯	北京	中國青年	1996、98
耿雲志	《胡適新論》	長沙	湖南	1996
耿雲志	《胡適研究論稿》	成都	四川人民	1985
耿雲志、聞黎明	《現代學術上的胡適》	北京	三聯	1996
徐高阮	《胡適和一個思想的趨向》	臺北	地平	1970
陳獨秀	《獨秀文存》	上海	東方	1922
陳萬雄	《五四新文化的源流》	北京	三聯	1997
曹伯言、季維龍	《胡適年譜》	合肥	安徽教育	1989
張玉法編	《中國現代史論集 第六輯 五四運動》	臺北	聯經	1981
張忠棟	《胡適五論》	臺北	允晨	1990
張東蓀	《道德哲學》	上海	中華	1931
張東蓀	《新哲學論叢》	上海	商務	1929
張 灝	《幽暗意識與民主傳統》	臺北	聯經	1992
張 灝	《梁啓超與中國思想的過渡（1890-1907）》	南京	江蘇人民	1995
梁啓超	《飲冰室合集》12 冊	北京	中華	1989
梁漱溟	《梁漱溟全集》8 冊	濟南	山東人民	1990
梁台根	《胡適早期自由主義思想研究》	高雄	國立高雄師範大學碩士論文	1998
郭 宛	《胡適的情愛之旅》	成都	四川文藝	1995
郭湛波	《近五十年中國思想史》	濟南	山東人民	1997
陳金淦	《胡適研究資料》	北京	北京十月文藝	1989
章 清	《胡適評傳》	南昌	百花洲文藝	1993
傅斯年	《傅斯年全集》	臺北	聯經	1980
馮友蘭	《中國近代思想史論集》	上海	人民	1958

馮愛群編	《胡適之先生紀念集》	臺北	學生	1973
黃艾仁	《胡適與中國名人》	南京	江蘇教育	1993
舒新城	《中國近代教育史資料》3 冊	北京	人民教育	1961
賀 麟	《當代中國哲學》	北京	商務	1959
蔡尚思	《中國近現代學術思想史論》	北京	人民	1986
魯 迅	《魯迅全集》12 卷	臺北	谷風	1987
鄧玉祥	《胡適思想研究》	臺北	輔仁大學哲學所博士論文	1991
劉述先	《當代中國哲學論 · 人物篇》	新澤西	八方文化	1996
劉健青等	《蔣介石和胡適》	吉林	吉林文史	1995
劉清峰編	《胡適與現代中國文化轉型》	香港	香港中文大學出版社	1994
歐陽哲生	《自由主義之累—胡適思想的現代闡釋》	上海	上海人民	1993
歐陽哲生編	《解析胡適》	北京	社會科學文獻	2000
歐陽漸	《歐陽漸文選》	上海	遠東	1996
鄭貴和	《胡適的自由思想》	臺北	國立臺灣大學政研所博士論文	1992
羅志田	《再造文明之夢—胡適傳》	成都	四川人民	1995
嚴復	《嚴復集》5 冊	北京	中華	1979
羅爾綱	《師門五年記》	上海	三聯	1995
錢玄同	《錢玄同文集》1-5 冊	北京	中國人民大學	1999
錢玄同	《錢玄同五四時期言論集》	上海	東方	1998

四、中文參考資料—論文

王中江	〈全盤西化與本位文化論戰〉	《二十一世紀》	第 8 期	1991.12
王汎森	〈從傳統到反傳統〉	《當代》	第 13 期	1987.05
王汎森	〈傅斯年對胡適文史觀點的影響〉	《漢學研究》	第 14 卷第 1 期	1996.06
王晴佳	〈胡適與何炳松比較研究〉	《史學理論研究》		1996.02
王業興	〈論胡適的民主思想〉	《社會科學戰線》		1994.03
王 煜	〈嚴復之師吳汝綸的西學〉	《華學月刊》	第 88 期	1979.04
王爾敏	〈清季知識分子的自覺〉	《中研院近史所集刊》	第 2 期	1971.06
王爾敏	〈中國近代之自強與求福〉	《中研院近史所集刊》	第 9 期	1980.07
王震邦	〈臺灣近三十年來的胡適研究〉（專論類專著部分）	《國文天地》	第 6 卷第 10 期	1991.03
甘麗珍	〈試述胡適之先生整理我國故有文化的方法論〉	《史苑》	第 32 期	1979.05
石學勝	〈胡適陳獨秀有關「新青年」存在問題來往書信〉	《傳記文學》	第 59 卷第 6 期	1991.12
艾 愷	〈世界文化會變至儒家化的文化嗎？〉	《二十一世紀》	第 33 期	1996.02
车潤孫	〈說胡適的提倡語體文〉	《海遺雜著》	香港中文大學出版社	1990
车潤孫	〈我對胡適的新認識〉	《海遺雜著》	香港中文大學出版社	

吳二持	〈論胡適的文明觀〉	《汕頭大學學報》		1994.01
吳二持	〈胡適文化思想的心路歷程〉	《安徽史學》		1995.04
呂實強	〈民初時期胡適政治態度的探討，1912-1937〉	《中華民國史專題第二屆討論會論文集》		1993
呂實強	〈評「胡適傳」〉	《國史館館刊》	第 11 期	1991.12
宋惠昌	〈論胡適政治哲學的歷史價值〉	《學術月刊》		1996.02
宋劍華	〈論胡適的實用主義儒學研究〉	《新東方》		1994.12
李子文	〈整理國故與傳統文化改造〉	《史學集刊》		1995.01
杜正勝	〈從疑古到重建─傅斯年的史學革命及其與胡適、顧頡剛〉	《當代》	第116期	1995.12
杜維運	〈傅孟眞與中國新史學〉	《當代》	第116期	1995.12
杜蒸民	〈胡適與儒學〉	《安徽史學》		1994.04
沈衛威	〈胡適對徽州文化的繼承與超越〉	《史學月刊》		1994.01
季維龍	〈胡適與古史辨學派〉	《歷史教學問題》		1994.01
汪榮祖	〈自由主義與中國〉	《二十一世紀》	第 2 期	1990.12
汪榮祖	〈激進與保守贅言〉	《二十一世紀》	第 11 期	1992.06
邢義田	〈傅斯年、胡適與居延漢簡的運美及返臺〉	《中研院史語所集刊》	第 66 卷第 3 期	1995.09
周昌龍	〈嚴復自由觀的三層意義〉	《漢學研究》	第 13 卷第 1 期	1995.06
周昌龍	〈從五四反禮教思潮看郁達夫作品中的倫理認同問題〉	《中國文學的多層面探討國際學術會議論文集》		1996.07
林 崗	〈激進主義在中國〉	《二十一世紀》	第 3 期	1991.02
林啟彥	〈五四時期嚴復的中西文化觀〉	《漢學研究》	第 14 卷第 2 期	1996.12
林毓生	〈對胡適、毛子水、殷海光論「容忍與自由」的省察（上）〉	《中國論壇》半月刊	第 256 期	1986.05
林毓生	〈對胡適、毛子水、殷海光論「容忍與自由」的省察（下）〉	《中國論壇》半月刊	第 257 期	1986.06
林毓生	〈五四時代的激烈反傳統思想與中國自由主義的前途〉	《五四與中國》	周策縱等，時報	1988.05
林載爵	〈嚴復對自由的理解〉	《東海大學歷史學報》	第 5 期	1982.12
金耀基	〈中國發展成現代化型國家的困境：韋伯學說的一面〉	《二十一世紀》	第 3 期	1991.02
金觀濤	〈科學：文化研究中被忽略的主題〉	《文星》	第107期	1987.05
金觀濤	〈新文化運動與中國知識分子常識理性的變遷〉	《五四運動八十周年學術研討會論文》		1999.04
施友忠	〈胡適訪問記〉	《仙人掌雜誌》	第 11 期	1978.02
施忠連	〈胡適的新皖學方向〉	《河北學刊》		1995.03
胡 明	〈胡適批判的反思〉	《二十一世紀》	第 8 期	1991.12
胡 明	〈胡適與中國文學的現代化〉	《學術月刊》		1994.03
胡 明	〈論胡適思想的奠基〉	《中國哲學史研究》		1995.02
胡 明	〈胡適整理國故的歷史評價〉	《傳統文化與現代化》		1995.02
耿來金	〈胡適檔案中有關學生運動通電選〉	《北京檔案史料》		1994.03-04
殷福生	〈胡適思想與中國前途〉	《仙人掌雜誌》	第 11 期	1978.02
高力克	〈《新青年》與兩種自由主義傳統〉	《二十一世紀》	第 42 期	1997.08

張朋園	〈周著：「胡適與近代中國知識分子的選擇」〉	《中研院近史所集刊》	第 14 期	1985.06
張朋園	〈胡適與梁啓超—兩代知識分子的親和與排拒〉	《中研院近史所集刊》	第 15 期	1986.12
張挺、江小蕙	〈胡適佚信六封箋注〉	《近代中國史研究通訊》	第 14 期	1992.09
張挺、江小蕙	〈雪泥復見飛鴻爪—胡適又六封佚信箋〉	《魯迅研究月刊》	第 8 期	1992.08
張忠平	〈胡適的自由思想〉	《探索與爭鳴》		1994.03
莊文瑞等	〈胡適也有他限制的一面—勞思光教授閒談胡適〉	《中國論壇》	第 2 期 第 3 期	1990.12
許紀霖	〈中國自由主義知識分子的參政　1945-1949〉	《二十一世紀》	第 6 期	1991.08
許紀霖	〈激進與保守的迷惑〉	《二十一世紀》	第 11 期	1992.06
陳存仁	〈「我的朋友」胡適之〉	《傳記文學》	第 65 卷 第 1 期	1994.07
陸寶千	〈章炳麟之儒學觀〉	《中研院近史所集刊》	第 17 期 下冊	1988.12
陸寶千	〈章炳麟之道家觀〉	《中研院近史所集刊》	第 19 期	1990.06
陸寶千	〈章太炎對西方文化之抉擇〉	《中研院近史所集刊》	第 21 期	1992.06
章 清	〈自由主義的兩代人：胡適與殷海光〉	《二十一世紀》	第 8 期	1991.12
董根洪	〈論胡適的宋明理學觀〉	《江淮論壇》		1995.06
程偉禮	〈中國哲學：從胡適到馮友蘭〉	《學術月刊》		1995.08
傅偉勳	〈從德法之爭談到儒學現代詮釋課題〉	《二十一世紀》	第 16 期	1993.04
傅豐誠	〈理想與實證的結合—胡適的政治思想〉	《東亞季刊》	第 9 卷 第 1 期	1977.07
黃艾仁	〈胡適與李大釗（上）〉	《中外雜誌》	第 50 卷 第 3 期	1991.09
黃艾仁	〈胡適與李大釗（下）〉	《中外雜誌》	第 50 卷 第 4 期	1991.10
黃克武	〈嚴復對約翰彌爾自由思想的認識—以嚴譯《群己權界論》為中心之分析〉	《中研院近史所集刊》	第 24 期 上冊	1995.06
楊天石	〈胡適和國民黨的一段糾紛〉	《中國文化》	第 4 期	1991.08
楊貞德	〈胡適的自由主義與「修身」的政治觀〉	《當代儒學論集：挑戰與回應》	劉述先編，文哲	1995.12
葉其忠	〈從張君勱和丁文江兩人和〈人生觀〉一文看 1923 年「科玄論戰」〉	《中研院近史所集刊》	第 25 期	1996.06
葉其忠	〈1923 年「科玄論戰」：評價之評價〉	《中研院近史所集刊》	第 26 期	1996.12
趙稀方	〈胡適與實用主義〉	《二十一世紀》	第 38 期	1996.12
劉紀曜	〈胡適思想中的個人主義〉	《史學會刊》	第 35 期	1991.06
劉蜀鄂	〈錢穆眼中的胡適—讀錢穆《師友雜記》探尋錢穆與胡適〉	《當代》	第 83 期	1993.03
厲 琳	〈胡適與先秦諸子學〉	《古典文學知識》		1994.04

歐陽哲生	〈胡適與北京大學—紀念「五四運動」七十八周年〉	《傳記文學》	第 70 卷 第 5 期	1997.05
歐陽哲生	〈胡適在不同時期對「五四」的評價〉	《二十一世紀》	第 34 期	1996.04
潘光哲	〈胡適與吳晗〉	《歷史月刊》	第 92 期	1995.09
蔣永敬	〈胡適與抗戰〉	《近代中國》	第 84 期	1991.08
鄭志明	〈胡適的宗教觀（上）〉	《鵝湖月刊》	第260期	1997.02
鄭志明	〈胡適的宗教觀（下）〉	《鵝湖月刊》	第261期	1997.03
羅　光	〈胡適的哲學思想〉	《哲學與文化》	第 12 卷 第 4 期	1985.04
羅爾綱	〈胡適瑣記〉	《人物》		1994.05

五、英文參考資料

Alitto, Guy. *The Last Confucian: Liang Shu-ming and the Chinese Dilemma of Modernity*. Berkeley: Univ. of California Press, 1979.

Arima Tatuso. *The Failure of Freedom: A Portrait of Modern Japanese Intellectuals*. Cambridge: Harvard University Press, 1969.

Berlin, Isaiah. *Four Essays on Liberty*. Oxford, 1969.

Borthwick, Sally. *Education and Social Change in China: The Beginnings of the Modern Era*. Stanford: Stanford Univ. Press, 1983.

Cassirer, Ernst. *An Essay on Man*. New Haven and London: Yale University Press, 1944.

Chang Hao. *Liang Ch'i-ch'ao and Intellectual Transition in China 1890-1907*. Cambridge: Harvard University Press, 1971.

Chang Hao. *Chinese Intellectuals in Crisis: Search for Order and Meaning, 1890-1911*. Berkeley: Univ. of California Press, 1987.

Chow Tse-tsung. *The May Fourth Movement: Intellectual Revolution in Modern China*. Cambridge: Harvard Univ. Press, 1960a.

Chow Tse-tsung. " The Anti-Confucian Movement in Early Republican China, " in Arthur Wright, ed. *The Confucian Persuasion*. Stanford: Stanford Univ. Press, 1960b. pp.287-375.

Davis, A. R. " China's Entry into World Literature," *Journal of the Oriental Society of Australia* , vols. 1 and 2 (1967:12), pp.43-50.

de Francis, John. *Nationalism and Language Reform in China*. Princeton: Princeton Univ. Press, 1950.

de Ruggiero, Guido. *The History of European Liberalism*. Trans. R. G. Collingwood.

Oxford: Oxford University Press, 1927.

Dewey, John. " New Culture in China, " in Joseph Ratner, ed., *Characters and Events*, 2 Vols. New York: Hanry Holt, 1929.

Dewey, John. *Lectures in China, 1919-1920*. Trans. and ed. Robert Clopton and Ou Tsuin-chen. Honolulu: Univ. Press of Hawaii, 1973.

Duiker, William. *Ts'ai Yuan-p'ei: Educator of Modern China*. Pennsylvania University Press, 1977.

Eber, Irene. " Thoughts on Renaissance in Modern China: Problems of Definitions, " in Laurence Thompson, ed. *Studia Asiatica: Essays in Asian Studies in Felicitation of the Seventy-five Anniversary of Prof. Ch'en Shou-yi*. San Francisco: Chinese Matrials Center, 1975. pp.189-218.

Eisenstadt, S. N. " Transformation of Social, Political and Cultural Order in Modernization. " *American Sociological Review,* Vol.30, no.5 (1965:10), pp.650-673.

Ellwood, Charles A. *A History of Social Philosophy*. New York: McGraw Hill, 1938.

Furth, Charlotte. *Ting Wen-chiang: Science and China's New Culture*. Cambridge: Harvard Univ. Press, 1970.

Furth, Charlotte. ed., *The Limits of Change: Essays on Conservative Alternatives in Republican China*. Harvard Univ. Press, 1976.

Galik, Marian. *The Genisis of Modern Literary Criticism*. Curzon Press, 1980.

Goldman, Merle. ed. *Modern Chinese Literature in the May Fourth Era*. Cambridge: Harvard University Press, 1974.

Gouinlock, James. ed., *The Moral Writings of John Dewey*. New York: Prometheus Books, 1994 revised edition.

Grieder, Jerome. *Hu Shih and the Chinese Renainnance.* Cambridge: Harvard Univ. Press, 1970.

Grieder, Jerome. *Intellectuals and The State in Modern China: A Narrative History*. New York: The Free Press, 1981.

Hayek, T. A. V. *The Constitution of Liberty*. England: Routledge, 1993, reprinted.

Ho Ping-ti and Tsou Tang, eds. *China in Crisis*. University of Chicogo Press, 1968.

Hsiao Kung-ch'uan. *A Modern China and A New World: K'ang Yu-wei, Reformer and Utopian*, 1858-1927. Seattle: University of Washington Press, 1975.

Jansen, Marcus B. *Changing Japanese Attitudes Toward Modernization*. Princeton,

1965.

Keenan, Barry. *The Dewey Experiment in China: Educational Reform and Political Power in the Early Republic*. Harvard East Asian Monographs, no.81, 1977.

Kuhn, Thomas. *The Structure of Scientific Revolutions*. Chicago: Chicago University Press, 1962.

Kuo, Thomas C. *Ch'en Tu-hsiu and the Chinese Communist Movement*. South Orange, N. J.: Seton Hall Univ. Press, 1975.

Kwok, D. W. Y. *Scientism in Chinese Thought, 1900-1905*. New Haven and London: Yale Univ. Press, 1965.

Levenson, Joseph. *Liang Ch'i-ch'ao and the Mind of Modern China*. Cambridge: Harvard University Press, 1953.

Levenson, Joseph. *Confucian China and Its Modern Fate: A Trilogy*. Berkeley and L.A: Univ. of California Press, 1972. Combined edition.

Levenson, Joseph. " The Genesis of Confucian China and Its Modern Fate, " in Perry Curtis, ed. *The Historian's Workshop*. New York: Basic Books, 1972.

Lin Yü-sheng. " Radical Iconoclasm in the May Fourth Period and the Future of Chinese Liberalism, " in Benjamin I. Schwartz, ed., *Reflections on the May Fourth Movement*. Cambridge: Harvard Univ. Press, 1972.

Lin Yü-sheng. *The Crisis of Chinese Consciousness: Redical Anti-traditionalism in the May Fourth Era*. Madison: University of Wisconsin Press, 1979.

Lubot, Eugene. *Liberalism in An Illiberal Age: New Culture Liberals in Republican China, 1919-1937*. Westport: Greenwood Press, 1982.

Manning D. J. *Liberalism*. Londen: J. M. Dent & Son's, 1976.

McDougall, Bonnie. *The Introduction of Western Literary Theories into Modern China 1919-1925*. Centre for East Asian Cultural Studies, Tokyo, 1971.

Nivison, David S. " Protest Against Conventions and Conventions of Protest, " in Arthur Wright, ed. *The Confucian Persuasion*. Stanford: Stanford Univ. Press, 1960. pp.177-200.

Ogden, Suzanne. " The Sage in The Inkpot: Bertrand Russell and China's Social Reconstruction in the 1920s." *Modern Asian Studies*, vol. 16, part 4 (1982), pp.529-600.

Pollard, David. *A Chinese Look at Literature: The Literary Values of Chou Tso-jen in Relation to The Tradition*. London, 1973.

Prusek, Jaroslav. " The Importance of Tradition in Chinese Literature." *Archiv Orientalin*, vol.26, no.2 (1958), pp.212-23.

Prusek, Jaroslav. *The Lyrical and The Epic: Studies of Modern Chinese Literature*. Ed. by Leo Ou-fan Lee, Indiana Univ. Press, 1980.

Rawski, Evelyn Sakakida. *Education and Popular Literacy in Ch'ing China*. Ann Arbor: Univ. of Michigan Press, 1979.

Roy, Andrew Tod, " Confucianism and Social Change." *Ch'ung Chi Journal* (Hong Kong), 3, no.1 (Nov. 1963).

Roy, Andrew Tod, " Attacks Upon Confucianism in the 1911-1927 Period," Part 1. *Ch'ung Chi Journal*, 4, no.1 (Nov. 1964), pp.10-26. Part II, 6, no.1 (Nov. 1966), pp.79-100.

Russell, Bertrand. *The Problem of China*. New York: George Allen and Unwin 1922.

Scalapino, Robert and George T. Yu. *The Chinese Anarchist Movement*. Berkeley: Univ. of California Press, 1961.

Scalapino, Robert and George T. Yu. *Modern China and Its Revolutionary Process: Recurrent Challenges to the Traditional Order, 1850-1920*. Berkeley: University of California Press, 1985.

Schwarcz, Vera. *The Chinese Enlightenment: Intellectuals and The Legacy of the May Fourth Movement of 1919*. Berkeley: Univ. of California Press, 1986a.

Schwarcz, Vera. " Remapping May Fourth: Between Nationalism and Enlightenment." *Rebublican China*, vol. 12, no.1 (1986b), pp.20-35.

Schwartz, Benjamin. " Ch'en Tu-hsiu and the Acceptance of the Modern West," *Journal of the History of Ideas*, vol.12, no.1 (1915a), pp.61-74.

Schwartz, Benjamin. *In Search of Wealth and Power: Yen Fu and The West*. Cambridge: Harvard University Press, 1964.

Schwartz, Benjamin. ed. *Reflections on The May Fourth Movement*. Harvard East Asian Monograph, 1972.

Tam Kwok-kan. *Ibsen in China: Reception and its Influence*. Chicago: Univ. of Illinois Press, 1984.

Welchman, Jennifer, *Dewey's Ethical Thought*. Ithaca: Cornell University Press, 1982.

Whitehead, Alfred. N. *Science and The Modern World*. New York: MacMillan, 1925.

國家圖書館出版品預行編目資料

超越西潮：胡適與中國傳統

周昌龍著.— 初版.— 臺北市：臺灣學生，2001 [民 90]
面；公分
參考書目：面
ISBN 957-15-1069- 6 (精裝)
ISBN 957-15-1070-X (平裝)

1. 胡適 — 學術思想

128.6　　　　　　　　　　　　　　　　90003839

超越西潮：胡適與中國傳統 (全一冊)

著　作　者：周　　　　昌　　　　龍
出　版　者：臺　灣　學　生　書　局
發　行　人：孫　　　善　　　治
發　行　所：臺　灣　學　生　書　局
　　　　　　臺北市和平東路一段一九八號
　　　　　　郵政劃撥帳號：00024668
　　　　　　電　話：(02)23634156
　　　　　　傳　眞：(02)23636334
本書局登
記證字號　：行政院新聞局局版北市業字第玖捌壹號
印　刷　所：宏　輝　彩　色　印　刷　公　司
　　　　　　中和市永和路三六三巷四二號
　　　　　　電　話：(02)22268853
定價：精裝新臺幣二九〇元
　　　平裝新臺幣二二〇元
西元二〇〇一年三月初版

12806

臺灣 學生書局 出版

史學叢刊（叢書）